中华人民共和国行业推荐性标准

# 小交通量农村公路工程设计规范

Design Specifications for Low Volume Rural Highway Engineering

JTG/T 3311—2021

主编单位：北京交科公路勘察设计研究院有限公司
批准部门：中华人民共和国交通运输部
实施日期：2021年11月01日

人民交通出版社股份有限公司
北京

# 律师声明

本书所有文字、数据、图像、版式设计、插图等均受中华人民共和国宪法和著作权法保护。未经人民交通出版社股份有限公司同意，任何单位、组织、个人不得以任何方式对本作品进行全部或局部的复制、转载、出版或变相出版。

本书扉页前加印有人民交通出版社股份有限公司专用防伪纸。任何侵犯本书权益的行为，人民交通出版社股份有限公司将依法追究其法律责任。

有奖举报电话：(010) 85285150

北京市星河律师事务所
2020 年 6 月 30 日

**图书在版编目（CIP）数据**

小交通量农村公路工程设计规范：JTG/T 3311—2021 / 北京交科公路勘察设计研究院有限公司主编. —北京：人民交通出版社股份有限公司，2021.7
ISBN 978-7-114-17487-2

Ⅰ.①小… Ⅱ.①北… Ⅲ.①农村道路—设计规范—中国 Ⅳ.①U412.36-65

中国版本图书馆 CIP 数据核字（2021）第 142379 号

标准类型：中华人民共和国行业推荐性标准
标准名称：小交通量农村公路工程设计规范
标准编号：JTG/T 3311—2021
主编单位：北京交科公路勘察设计研究院有限公司
责任编辑：周佳楠　丁　遥
责任校对：刘　芹
责任印制：张　凯
出版发行：人民交通出版社股份有限公司
地　　址：(100011) 北京市朝阳区安定门外外馆斜街 3 号
网　　址：http://www.ccpcl.com.cn
销售电话：(010)59757973
总 经 销：人民交通出版社股份有限公司发行部
经　　销：各地新华书店
印　　刷：北京市密东印刷有限公司
开　　本：880×1230　1/16
印　　张：7
字　　数：153 千
版　　次：2021 年 7 月　第 1 版
印　　次：2021 年 10 月　第 2 次印刷
书　　号：ISBN 978-7-114-17487-2
定　　价：60.00 元

（有印刷、装订质量问题的图书由本公司负责调换）

# 中华人民共和国交通运输部

# 公 告

第 38 号

## 交通运输部关于发布 《小交通量农村公路工程设计规范》的公告

现发布《小交通量农村公路工程设计规范》（JTG/T 3311—2021），作为公路工程行业推荐性标准，自 2021 年 11 月 1 日起施行。

《小交通量农村公路工程设计规范》（JTG/T 3311—2021）的管理权和解释权归交通运输部，日常解释和管理工作由主编单位北京交科公路勘察设计研究院有限公司负责。

请各有关单位注意在实践中总结经验，及时将发现的问题和修改建议函告北京交科公路勘察设计研究院有限公司（地址：北京市海淀区花园东路 15 号旷怡大厦 12 层，邮政编码：100191），以便修订时研用。

特此公告。

中华人民共和国交通运输部
2021 年 7 月 6 日

| 交通运输部办公厅 | 2021 年 7 月 8 日印发 |
|---|---|

# 前 言

根据《交通运输部关于下达 2020 年度公路工程行业标准制修订项目计划的通知》（交公路函〔2020〕471 号）的要求，由北京交科公路勘察设计研究院有限公司承担《小交通量农村公路工程设计规范》（JTG/T 3311—2021）（以下简称"本规范"）的制定工作。

本规范在总结各地农村公路建设经验的基础上，综合考虑我国自然环境、交通特性、气象气候等条件，依据《小交通量农村公路工程技术标准》（JTG 2111—2019），对小交通量农村公路设计提出具体、可操作性的要求。

本规范主要内容包括：

1. 规定了分段选用不同技术等级类型的技术要求，细化了设计车辆、交通量、建筑限界等内容。

2. 规定了总体设计的原则和总体设计要点。

3. 明确了路线设计的一般规定，细化了平面、纵断面、横断面设计的具体指标。

4. 明确了路基各项技术要求，细化了防护设计要求和特殊路基处理措施。

5. 结合小交通量农村公路特点，推荐了典型路面结构组合。

6. 细化了排水设计，提出了符合小交通量农村公路特点的地表排水设施设计降雨重现期。

7. 细化了桥梁及其附属构造、涵洞的设计要求，明确了漫水桥和过水路面的设计要求。

8. 细化了单车道隧道衬砌、错车道等设计要求。

9. 细化了平面交叉角度、视距及平面交叉口范围内路线指标，提出了环形交叉及简易互通式立体交叉的设计要求。

10. 细化了交通安全设施的设置要求，给出了小交通量农村公路特有的交通安全设施的设置示例。

11. 细化了沿线设施的设计要点，提出了绿化景观、骑行车道、人行步道等的设计要求。

本规范由 13 章、4 个附录组成。分别是总则，术语，基本规定，总体设计，路线，路基，路面，排水，桥涵，隧道，路线交叉，交通安全设施，沿线设施及其他，附录 A 路基横断面，附录 B 透水路堤及过滤垫，附录 C 路基防护工程冲刷计算，附录 D 单车道隧道标准内轮廓。

本规范由孟书涛负责起草第 1 章，葛书芳负责起草第 2 章，赵源、刘正祥负责起草第 3 章，赵源、宋琦负责起草第 4 章，刘正祥、王俊骅负责起草第 5 章，毕玉峰、宋琦负责起草第 6 章，毕玉峰负责起草第 7 章，宋琦负责起草第 8 章，马芹纲负责起草第 9

章，杜其益、杨健负责起草第 10 章，朱文喜负责起草第 11 章，郑昊、李冰负责起草第 12 章，贾强负责起草第 13 章，刘正祥、王俊骅负责起草附录 A，毕玉峰负责起草附录 B 和附录 C，杜其益负责起草附录 D。

请各有关单位在执行过程中，将发现的问题和意见，函告本规范日常管理组，联系人：宋琦（地址：北京市海淀区花园东路 15 号旷怡大厦 12 层，北京交科公路勘察设计研究院有限公司，邮编：100191；电话：010-82010859；传真：010-62370155；电子邮箱：songqi@riohtc.cn），以便修订时参考。

| | |
|---|---|
| 主 编 单 位： | 北京交科公路勘察设计研究院有限公司 |
| 参 编 单 位： | 交通运输部公路科学研究院 |
| | 山东省交通规划设计院集团有限公司 |
| | 浙江省交通规划设计研究院有限公司 |
| | 贵州省交通规划勘察设计研究院股份有限公司 |
| | 同济大学 |
| 主　　　编： | 宋琦 |
| 主要参编人员： | 孟书涛　葛书芳　毕玉峰　赵源　郑昊 |
| | 刘正祥　朱文喜　马芹纲　杜其益　王俊骅 |
| | 李冰　贾强　杨健 |
| 主　　　审： | 周伟 |
| 参与审查人员： | 王增贤　张胤　周荣贵　李春风　王松根 |
| | 符冠荣　祖熙宇　胡旭　韩东山　任启东 |
| | 詹大德　周玉波　邢占文　赵卫国　姜子龙 |
| | 张福强　印良智　汪晶　聂承凯　孙连军 |
| | 王书涛　胡珊　李党辉　丁健 |
| 参 加 单 位： | 四川省交通运输厅公路局 |
| | 重庆市公路事务中心 |
| | 贵州省公路局 |
| | 黑龙江省公路事业发展中心 |
| | 山东省交通运输厅 |
| | 海南省交通运输厅 |
| | 北京市交通委员会 |
| 参 加 人 员： | 宁选杰　徐全亮　孙建秀　黄龙　康健华 |
| | 潘海庆　黄淑刚　张杰　张业生　赵川 |
| | 张建孔　段亚军 |

# 目 次

- 1 总则 ················································································································ 1
- 2 术语 ················································································································ 2
- 3 基本规定 ········································································································· 3
  - 3.1 公路技术等级类型 ················································································· 3
  - 3.2 设计车辆 ································································································ 4
  - 3.3 交通量 ···································································································· 5
  - 3.4 设计速度 ································································································ 7
  - 3.5 建筑限界 ································································································ 7
  - 3.6 公路用地范围 ························································································ 8
- 4 总体设计 ········································································································· 9
  - 4.1 一般规定 ································································································ 9
  - 4.2 总体设计要点 ························································································ 9
- 5 路线 ·············································································································· 11
  - 5.1 一般规定 ······························································································ 11
  - 5.2 平面 ······································································································ 11
  - 5.3 纵断面 ·································································································· 16
  - 5.4 横断面 ·································································································· 17
- 6 路基 ·············································································································· 20
  - 6.1 一般规定 ······························································································ 20
  - 6.2 一般路基 ······························································································ 21
  - 6.3 路基防护与支挡 ·················································································· 27
  - 6.4 特殊路基 ······························································································ 30
  - 6.5 路基改扩建 ·························································································· 31
- 7 路面 ·············································································································· 33
  - 7.1 一般规定 ······························································································ 33
  - 7.2 设计方法 ······························································································ 34
  - 7.3 路面材料与结构选择 ·········································································· 34
  - 7.4 推荐的典型路面结构组合 ·································································· 38
- 8 排水 ·············································································································· 41
  - 8.1 一般规定 ······························································································ 41

| 8.2 地表排水 | 42 |
| 8.3 地下排水 | 44 |
| 8.4 村镇路段排水 | 44 |
| 8.5 特殊地区及特殊路段排水 | 45 |

## 9 桥涵 ... 46
- 9.1 一般规定 ... 46
- 9.2 桥涵总体设计 ... 46
- 9.3 桥涵分类及孔径 ... 48
- 9.4 人行道设计 ... 48
- 9.5 桥涵设计洪水频率 ... 48
- 9.6 桥梁净空 ... 49
- 9.7 桥上线形与桥头引道 ... 50
- 9.8 桥梁附属构造 ... 50
- 9.9 涵洞 ... 51
- 9.10 桥涵改扩建 ... 53
- 9.11 桥涵主体结构和可更换部件的设计使用年限 ... 54
- 9.12 漫水桥与过水路面 ... 54

## 10 隧道 ... 56
- 10.1 一般规定 ... 56
- 10.2 单车道隧道总体设计 ... 57
- 10.3 单车道隧道洞口及洞门设计 ... 59
- 10.4 单车道隧道衬砌结构设计 ... 59
- 10.5 单车道隧道防排水设计 ... 60
- 10.6 单车道隧道路基与路面设计 ... 62
- 10.7 单车道隧道改扩建 ... 62

## 11 路线交叉 ... 63
- 11.1 一般规定 ... 63
- 11.2 平面交叉 ... 64
- 11.3 立体交叉 ... 70

## 12 交通安全设施 ... 73
- 12.1 一般规定 ... 73
- 12.2 交通标志 ... 73
- 12.3 交通标线 ... 79
- 12.4 护栏 ... 83
- 12.5 视线诱导设施 ... 86

| | | |
|---|---|---|
| 12.6 | 其他交通安全设施 | 87 |
| **13** | **沿线设施及其他** | **90** |
| 13.1 | 一般规定 | 90 |
| 13.2 | 服务设施 | 91 |
| 13.3 | 管理设施 | 93 |
| 13.4 | 绿化景观 | 94 |
| 13.5 | 其他 | 94 |
| **附录 A** | **路基横断面** | **96** |
| **附录 B** | **透水路堤及过滤埝** | **97** |
| **附录 C** | **路基防护工程冲刷计算** | **98** |
| **附录 D** | **单车道隧道标准内轮廓** | **101** |
| **本规范用词用语说明** | | **102** |

# 1 总则

**1.0.1** 为指导和规范小交通量农村公路设计，提升设计质量，制定本规范。

**1.0.2** 本规范适用于小交通量农村公路的新建和改扩建工程。

**1.0.3** 小交通量农村公路设计应遵循安全耐久、绿色环保、节约资源、利于养护、因地制宜、经济适用的原则，充分吸收当地工程成熟经验。

**1.0.4** 小交通量农村公路设计应综合考虑其功能定位，并与相关规划相结合。

**1.0.5** 小交通量农村公路设计必须执行国家环境保护和资源节约的法律法规，保护沿线生态环境。

**1.0.6** 小交通量农村公路改扩建时，应合理利用既有工程。

**1.0.7** 交通安全设施、防护工程设施、排水设施应与主体工程同时设计、同时施工、同时投入使用。

**1.0.8** 小交通量农村公路设计宜结合当地特点，综合考虑建设、养护及其他管理需求实施标准化设计。

**条文说明**

鼓励地方因地制宜，结合当地特点，考虑建设、养护及其他管理需求，制定适宜的设计标准图集，并作为标准化依据进行设计。

**1.0.9** 小交通量农村公路设计应积极采用新材料、新设备、新工艺、新技术。

**1.0.10** 小交通量农村公路设计除应符合本规范的规定外，尚应符合国家和行业现行有关标准的规定。

## 2 术语

**2.0.1 简易铺装路面 simple pavement**
在基层或路床上铺筑沥青表面处治类、块体类或砂石类路面面层的路面结构。

条文说明

简易铺装路面是因地制宜，充分利用地方材料，实现与小交通量农村公路使用现状相适应的经济型路面结构。

**2.0.2 硬化路面 harden pavement**
沥青路面、水泥混凝土路面、简易铺装路面的统称。

条文说明

硬化路面一般指沥青路面、水泥路面、块体路面等，对于西部部分建设条件特别困难、高海拔高寒和交通需求小的地区，可扩展到砂石、碎石等路面。

**2.0.3 简易互通式立体交叉 simple interchange**
通过一条或两条连接匝道连接上下层两条公路，以实现两条公路交通转换的公路设施。

# 3 基本规定

## 3.1 公路技术等级类型

**3.1.1** 公路技术等级类型选用应遵循下列原则：

1 应根据自然环境、经济条件、环保要求、交通特性等特点综合分析，并结合交通量论证确定。

2 交通组成中无大型、重载型车辆的小交通量农村公路，可选用现行《公路工程技术标准》（JTG B01）中的技术等级；也可选用四级公路（Ⅰ类）、四级公路（Ⅱ类）两个技术等级类型。

   1）四级公路（Ⅰ类）为适合中小型客车、中型载重汽车、轻型载重汽车、四轮低速货车（原四轮农用车）、三轮汽车、摩托车、非机动车交通混合行驶的双车道公路。年平均日设计交通量宜在 1 000 辆小客车及以下。

   2）四级公路（Ⅱ类）为适合中小型客车、中型载重汽车、轻型载重汽车、四轮低速货车（原四轮农用车）、三轮汽车、摩托车、非机动车交通混合行驶的单车道公路。年平均日设计交通量宜在 400 辆小客车及以下。

**条文说明**

年平均日设计交通量小于或等于 1 000pcu/d 的小交通量农村公路，其服务的公路功能相对单一，即为满足出入通达的支线公路。四级公路的各技术等级类型均为支线公路，因此，具体技术等级类型选取不再以公路功能区分，而是结合自然条件如地形地质条件，自然灾害发生频率，气象，经济条件如建设项目投资、沿线村镇经济状况及发展趋势等，环境保护要求，交通量及交通组成等因素综合确定。

大型、重载型车辆一般指车长大于 8m、总质量大于 12t 的载重汽车以及车长大于 7m 的客车。当小交通量农村公路项目交通组成中有大型、重载型车辆时，要选用现行《公路工程技术标准》（JTG B01）规定的技术等级，具体技术等级的选择按照现行《公路工程技术标准》（JTG B01）执行。当小交通量农村公路项目交通组成中无大型、重载型车辆时，可以选用现行《公路工程技术标准》（JTG B01）规定的技术等级，也可以选用现行《小交通量农村公路工程技术标准》（JTG 2111）规定的等级类型。在地形、地质等自然条件、经济条件允许时，鼓励选用现行《公路工程技术标准》（JTG B01）中的技术等级；条件受限时，选用现行《小交通量农村公路工程技术标准》

(JTG 2111)规定的技术等级类型。具体选取要符合相应技术标准的要求。

交通量并不是决定性因素,在地形地质等自然条件允许、经济条件允许、有特殊需求时,即便实际年平均日交通量在400辆小客车及以下,仍鼓励选用较高的技术等级类型。

**3.1.2** 同一公路项目宜选用同一技术等级类型,条件受限时可分段选用不同的技术等级类型,并应符合下列规定:

1 同一技术等级类型的最小路段长度不宜低于500m,技术等级类型变化不应频繁。

2 不同技术等级类型相互衔接的位置或地点应选择在路线交叉、沿线主要村镇节点的前后,或大型构造物、路侧环境条件明显变化处。

**条文说明**

1 条件允许时,小交通量农村公路同一建设项目建议选用相同的技术等级类型,确实受地形地质、沿线土地利用等条件制约时,可以分段选用不同的技术等级类型。分段选用不同技术等级类型时,需保证各个路段均能够满足交通量的需求。

根据调研需求、建设经验,并考虑安全性要求,小交通量农村公路分段选用不同的技术等级类型时,同一技术等级类型的最小路段长度尽量不低于500m,并建议尽可能长。同一公路项目中技术等级类型频繁变化的,建议优化合并路段,采用相同的技术等级类型。

2 不同技术等级类型相互衔接的位置或地点优先采用路线交叉、沿线主要村镇节点等交通流变化处。

## 3.2 设计车辆

**3.2.1** 设计车辆外廓尺寸应符合表3.2.1的规定。

表3.2.1 设计车辆外廓尺寸

| 车辆类型 | 总长(m) | 总宽(m) | 总高(m) | 前悬(m) | 轴距(m) | 后悬(m) |
|---|---|---|---|---|---|---|
| 小客车 | 6.0 | 1.8 | 2.0 | 0.8 | 3.8 | 1.4 |
| 中型客车 | 7.0 | 2.3 | 3.0 | 1.0 | 4.0 | 2.0 |
| 轻型载重汽车 | 6.0 | 2.0 | 2.5 | 1.1 | 3.4 | 1.5 |
| 中型载重汽车 | 8.0 | 2.5 | 4.0 | 1.5 | 4.5 | 2.0 |
| 四轮低速货车(原四轮农用车) | 6.0 | 2.0 | 2.5 | 1.2 | 3.3 | 1.5 |
| 三轮汽车 | 4.6 | 1.6 | 2.0 | — | — | — |
| 摩托车 | 2.5 | 1.0 | 2.25 | — | — | — |

**3.2.2** 应根据服务对象、交通组成确定设计车辆，并应符合下列规定：
1  小交通量农村公路设计应满足中型载重汽车和中型客车的通行要求。
2  交通组成中无中型载重汽车、中型客车及以上车型时，路线可按相应规定选取技术指标。

**条文说明**

根据现场调查并结合公路项目所在地区特点、社会经济发展、乡村布局与规模、路网结构与规划、建设目标等综合论证确定公路交通量及交通组成后，对照《小交通量农村公路工程技术标准》（JTG 2111—2019）第3.2节中选定设计项目具体的设计车辆。当小交通量农村公路交通组成中有大型、重载型车辆时，要求按照现行《公路工程技术标准》（JTG B01）执行。一般情况下，小交通量农村公路设计要求满足中型载重汽车和中型客车的通行要求；经综合调查分析，确定小交通量农村公路交通组成中的最大车型仅为小客车或轻型载重汽车时，路线可以按照只针对小型车的特殊规定选用技术指标。

## 3.3 交通量

**3.3.1** 四级公路（Ⅰ类）、四级公路（Ⅱ类）的设计交通量宜按10年预测。

**3.3.2** 可根据现场调查，并结合公路项目所在地区特点、社会经济发展、乡村布局与规模、路网结构与规划、建设目标等，综合分析、预测公路交通量及交通组成。

**条文说明**

经调查，目前小交通量农村公路基本没有专门的交通量观测点，交通量及交通组成的确定主要是依据公路外业阶段的调查，且相当一部分地区农村公路设计文件中无交通量和交通组成确定的相关内容。为使小交通量农村公路的建设更加科学、更能适应农村地区的实际需求和发展需求，本条规定"可根据现场调查，并结合公路项目所在地区特点、社会经济发展、乡村布局与规模、路网结构与规划、建设目标等，综合分析、预测公路交通量及交通组成"的内容。在现状交通量调查的基础上，根据以上影响因素，按照10年预测年限，确定适宜的增长系数，确定公路项目的交通量及交通组成；现状交通量调查受限的地区，也可以根据以上影响因素，类比相似项目确定交通量，将其作为公路设计的基本依据。

**3.3.3** 交通量换算采用小客车为标准车型。各汽车代表车型及车辆折算系数应符合表3.3.3的规定。

表 3.3.3 各汽车代表车型及车辆折算系数

| 汽车代表车型 | 车辆折算系数 | 说　明 |
|---|---|---|
| 小客车 | 1.0 | 座位≤9 座的客车 |
| 中型客车 | 1.0 | 9 座＜座位≤19 座的客车 |
| 轻型载重汽车 | 1.0 | 载质量≤2t 的货车 |
| 中型载重汽车 | 1.5 | 2t＜载质量≤7t 的货车 |
| 四轮低速货车（原四轮农用车） | 1.0 | — |
| 三轮汽车 | 1.0 | — |
| 摩托车 | 0.5 | — |

**3.3.4** 非机动车和拖拉机交通量换算应符合下列规定：

1 畜力车、人力车、自行车等非机动车按路侧干扰因素计。路侧干扰等级及交通量修正系数应符合表 3.3.4 的规定。

2 拖拉机按外廓尺寸对应设计车型尺寸选择折算系数。

表 3.3.4 路侧干扰等级及交通量修正系数

| | 路侧干扰等级 | 交通量修正系数 | 典型状况描述 |
|---|---|---|---|
| 1 | 轻微干扰 | 1.1 | 公路交通状况基本正常，各类路侧干扰因素很少 |
| 2 | 较轻干扰 | 1.2 | 公路设施两侧为农田，有少量自行车、行人出行或横穿公路 |
| 3 | 中等干扰 | 1.4 | 公路穿过村镇或路侧偶有停车，被交支路有少量车辆出入 |
| 4 | 严重干扰 | 1.6 | 公路交通流中有较多的非机动车混合行驶 |
| 5 | 非常严重干扰 | 2.0 | 路侧设有集市、摊位，交通管理或交通秩序很差 |

**条文说明**

3.3.3～3.3.4 本规范车辆折算系数在现行《小交通量农村公路工程技术标准》（JTG 2111）的基础上，补充了非机动车的路侧干扰等级及交通量修正系数。农村公路上不可避免地存在一定的畜力车、人力车、自行车等非机动车通行，将诸如此类的车按路侧干扰因素计，在交通量预测的基础上，根据路侧干扰等级及交通量修正系数修正预测交通量。拖拉机的型号较多且外廓尺寸变化范围较大，要求拖拉机根据外廓尺寸对应设计车型尺寸选定折算系数，如一辆长 6m、宽 2m 以内的拖拉机折算系数取 1，长 6～8m、宽 2～2.5m 的拖拉机折算系数取 1.5。

## 3.4 设计速度

**3.4.1** 四级公路（Ⅰ类）、四级公路（Ⅱ类）的设计速度应为15km/h。

## 3.5 建筑限界

**3.5.1** 公路建筑限界范围内不得有任何障碍物侵入。公路标志、护栏、照明灯柱、电杆、管线、绿化、行道树以及跨线桥的梁底、桥台、桥墩等的任何部分也不得侵入公路建筑限界。

**3.5.2** 四级公路（Ⅰ类）、四级公路（Ⅱ类）的建筑限界应符合图3.5.2的规定，并应符合下列规定：

1 四级公路（Ⅰ类）、四级公路（Ⅱ类）的净高应为4.5m。
2 检修道、人行道、自行车道与行车道分开设置时，其净高应为2.5m。
3 设置错车道路段的行车道宽度应包括车道及错车道部分的宽度。
4 桥梁、隧道设置检修道、人行道时，建筑限界应包括相应部分的宽度。

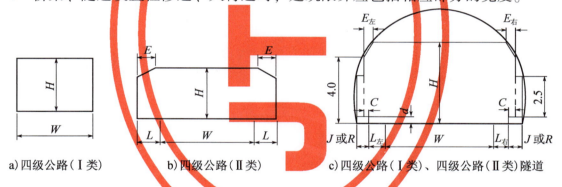

a) 四级公路（Ⅰ类）　　b) 四级公路（Ⅱ类）　　c) 四级公路（Ⅰ类）、四级公路（Ⅱ类）隧道

图3.5.2　四级公路（Ⅰ类）、四级公路（Ⅱ类）建筑限界（尺寸单位：m）

图中：$W$——行车道宽度；
　　　$L$——侧向宽度，四级公路（Ⅰ类）、四级公路（Ⅱ类）侧向宽度为路肩宽度减去0.25m；设置护栏时，应根据护栏需要的宽度加宽路基；
　　　$L_{左}$——隧道内左侧侧向宽度；
　　　$L_{右}$——隧道内右侧侧向宽度；
　　　$C$——余宽；
　　　$J$——检修道宽度；
　　　$R$——人行道宽度；
　　　$d$——检修道或人行道高度；
　　　$E_{左}$——建筑限界左顶角宽度，当$L_{左}\leq 1m$时，$E_{左}=L_{左}$；当$L_{左}>1m$时，$E_{左}=1m$；
　　　$E_{右}$——建筑限界右顶角宽度，当$L_{右}\leq 1m$时，$E_{右}=L_{右}$；当$L_{右}>1m$时，$E_{右}=1m$；
　　　$H$——净空高度。

5 隧道最小侧向宽度应符合本规范第 10.2 节的规定。

6 路基、桥梁、隧道相互衔接处，其建筑限界应按过渡段处理。

3.5.3 公路建筑限界的边界应按图 3.5.3 划定，并应符合下列规定：

1 在不设超高的路段，建筑限界的上缘边界线应为水平线，其两侧边界线应与水平线垂直。

2 在设置超高的路段，建筑限界的上缘边界线应与超高横坡平行，其两侧边界线应与路面超高横坡垂直。

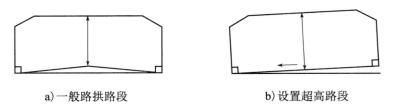

a) 一般路拱路段　　　　　　　　b) 设置超高路段

图 3.5.3　建筑限界的边界规定

3.5.4 公路净空高度应符合下列规定：

1 路肩上设置桥梁墩台、标志立柱时，其前缘不得侵入公路建筑限界，宜留有护栏缓冲变形的余宽。

2 凹形竖曲线上方设有跨线构造物时，其净高应满足设计车辆有效净高的要求。

3 公路下穿宽度较宽或斜交角度较大的跨线构造物时，其路面距跨线构造物下缘任一点的净高均应符合相应净空高度的规定。

## 3.6 公路用地范围

3.6.1 四级公路（Ⅰ类）、四级公路（Ⅱ类）用地范围为公路路堤两侧排水沟外边缘以外，无排水沟时为路堤或护坡道坡脚以外，或路堑坡顶截水沟外边缘以外，无截水沟时为坡顶以外，均不小于 1m 范围内的土地。

3.6.2 在风沙、雪害、滑坡、泥石流等不良地质地带设置防护、整治设施时，以及在膨胀土、盐渍土等特殊土地带采取处治措施时，应根据实际需要确定用地范围。

3.6.3 桥梁、隧道、路线交叉、交通安全设施、服务设施、管理设施、绿化以及其他线外工程等用地，应根据实际需要确定用地范围。

# 4 总体设计

## 4.1 一般规定

**4.1.1** 小交通量农村公路宜进行总体设计。

**4.1.2** 总体设计宜确定公路技术等级类型、建设规模及建设方案，统一协调路线、路基、路面、排水、桥涵、隧道、路线交叉、交通安全设施、沿线设施等各专业内、外部的关系。

## 4.2 总体设计要点

**4.2.1** 应根据公路的服务对象，结合乡村布局与规模、沿线路网布置与规划、资源开发利用、耕地林地分布、地形地质等因素，确定路线起终点、主要控制点、桥隧构造物及沿线设施配置等，合理确定建设规模。

**4.2.2** 路线设计应减小对沿线生态环境的影响，节约土地资源，宜避让不良地质区域，避免高填、深挖，防止水土流失，保护环境。

**4.2.3** 应根据公路技术等级类型、交通组成、沿线地形地质、环境和交通需求等因素，合理确定路线平面、纵断面、视距以及公路路基横断面等主要技术指标。

**4.2.4** 公路路基横断面布置应满足交通安全设施设置的需求。

**4.2.5** 应根据当地自然条件和工程地质条件，结合公路交通组成，因地制宜，统筹考虑安全、经济、环境、土地等因素，合理确定路基设计方案。

**4.2.6** 应结合村镇发展规划，针对材料、经济、养护、环境等因素，合理选择硬化路面类型。

**4.2.7** 应根据沿线水文、气象、地形、地质、路基状况进行排水设计。

**4.2.8** 应充分考虑地质、水文、通航、防洪等建设条件，合理确定桥梁设计方案。

**4.2.9** 应充分考虑农田水利设施、自然水系排灌与周围灌溉系统，确定涵洞类型及规模，并应满足路基排水及泄洪要求。

**4.2.10** 应综合考虑地形、地质、施工等条件，合理选择隧道位置，确定隧道规模。

**4.2.11** 应根据相交公路的公路功能、技术等级以及区域路网的现状和规划，结合交叉区域的地形、地貌条件，选择合理的交叉方式。

**4.2.12** 应依据公路技术等级类型、交通组成，结合路侧情况，优先设置主动引导交通安全设施，根据需要设置被动防护交通安全设施。

**4.2.13** 应对连续上坡（或下坡）、不良线形组合、路侧临水或临崖、高填方等路段，给出针对性设计。

**条文说明**

对连续上坡（或下坡）路段指标突破《小交通量农村公路工程技术标准》（JTG 2111—2019）要求的路段、不良线形组合路段、路侧危险等级较高的路段等，要求在总体设计中进行相关安全分析，给出如提高护栏防护等级等相关的交通安全保障方案。

**4.2.14** 宜根据公路沿线需求，统筹考虑乡村布局与规模、当地经济和环境等因素，合理设置服务设施和管理设施。

**4.2.15** 公路改扩建应遵循利用与改造相结合的原则，合理、充分地利用原有工程，并应满足下列要求：

1 改扩建应考虑人员出行需求，分析提出项目建设期间交通流组织与疏导方案，最大限度减少项目施工对人员出行的影响，保障交通安全。
2 公路改扩建项目应充分利用公路废旧材料，节约资源、保护环境。

# 5 路线

## 5.1 一般规定

**5.1.1** 应结合区域特性和项目特点，因地制宜，适应地形，贴近自然，贯彻"少拆迁、少占耕地，保护环境"的原则，合理选用平、纵面指标。

**5.1.2** 应结合沿线自然条件，充分利用既有道路、桥涵、隧道等工程设施，节约资源，降低工程造价。

**5.1.3** 大桥及中长隧道应为主要控制因素，原则上路线布设应顺应桥位及隧道轴线。

**5.1.4** 中小桥、短隧道及一般构造物的布设应服从路线走向。

**5.1.5** 村镇路段，技术指标无法满足要求时，宜考虑绕避改线方案。

**5.1.6** 平面应连续、均衡，与纵断面、横断面相互配合。

## 5.2 平面

**5.2.1** 平面线形应符合下列规定：
1  平面线形应由直线、圆曲线、缓和曲线三种线形要素组成。缓和曲线应采用回旋线。
2  平曲线半径较小的路段，当地形条件允许时，宜适当增加加宽值，保障行车安全。
3  直线不宜过长。受地形条件或其他特殊情况限制而采用长直线时，应结合沿线具体情况采取相应的技术措施。
4  两圆曲线间以直线径相连接时，直线的长度宜满足超高、加宽过渡所需要的长度要求。
5  平面不论转角大小，均应设置圆曲线。
6  圆曲线最小半径应符合表 5.2.1 的规定。

表 5.2.1 圆曲线最小半径

| 一般最小半径（m） | | 20 |
|---|---|---|
| 极限最小半径（m） | 单车道 | 12（10） |
| | 双车道 | 15 |
| 不设超高最小半径（m） | 路拱≤2% | 90 |
| | 路拱＞2% | 120 |

注：1. 当交通组成中无中型载重汽车和中型客车时，单车道极限最小半径可采用括号内数值。
　　2. 一般最小半径为正常情况下采用值，极限最小半径为条件受限时可采用的值。

7 直线同小于表 5.2.1 规定的不设超高最小半径的圆曲线径相连接处，宜设置缓和曲线；条件受限时可不设缓和曲线，但应设置超高、加宽过渡段。

8 半径不同的同向圆曲线或反向圆曲线径相连接，且小圆半径小于表 5.2.1 规定的不设超高最小半径的规定时，连接处宜设置缓和曲线；条件受限时可不设缓和曲线，但应设置超高、加宽过渡段。

9 缓和曲线长度应随圆曲线半径的增大而增大，缓和曲线最小长度应不小于 13m。

**条文说明**

3 直线过长会增加夜间行车车灯眩目的危险，还易出现超速行驶；与小半径曲线相连接时，行车安全风险较大。

5.2.2 圆曲线超高应符合下列规定：

1 圆曲线半径小于表 5.2.1 规定的不设超高圆曲线最小半径时，应在曲线上设置超高，并应符合下列规定：

1）圆曲线最大超高应采用 4%。无中型载重汽车和中型客车的情况下，最大超高可采用 6%。

2）圆曲线部分的最小超高应与直线部分的正常路拱横坡一致。

2 村镇路段，最大超高可采用 2%。

3 各圆曲线所设置的超高应根据圆曲线半径、公路条件和自然条件等经计算确定。

4 当路拱横坡发生变化时，应设置超高过渡段。其最小超高渐变率不得小于 1/330，最大超高渐变率应根据旋转轴位置按表 5.2.2 确定。

表 5.2.2 最大超高渐变率

| 设计速度（km/h） | 超高旋转轴位置 | |
|---|---|---|
| | 中线 | 边缘线 |
| 15 | 1/75 | 1/25 |

5 当超高横坡等于路拱坡度时，将外侧车道绕路中线旋转，直至路拱坡度达到超高横坡；当超高横坡大于路拱坡度时，可采用绕内侧车道内边缘线旋转、绕路中线旋转或绕外侧车道外边缘线旋转的方式，并应符合下列规定：

1）单车道宜采用绕车道内边缘线旋转的方式。
2）双车道可采用绕路中线旋转或绕内侧车道内边缘线旋转的方式。
3）条件受限路段，可采用绕外侧车道外边缘线旋转的方式。

**条文说明**

3 圆曲线半径与超高对应关系参考表5-1。

表5-1 圆曲线半径与超高的对应关系

| 设计速度（km/h） | 15 | | |
|---|---|---|---|
| 最大超高（%） | 6 | 4 | 2 |
| 超高（%） 2 | 90（120）~60 | 90（120）~50 | 90（120）~15 |
| 3 | 60~35 | 50~20 | |
| 4 | 35~20 | 20~12 | |
| 5 | 20~15 | | |
| 6 | 15~10 | | |

5 超高过渡方式一般采用下列三种过渡方式：

（1）绕内侧车道内边缘线旋转。先将外侧车道绕路中线旋转，待达到与内侧车道构成单向横坡后，整个断面再绕未加宽前的内侧车道内边缘线旋转，直至超高[图5-1a)]。

（2）绕路中线旋转。先将外侧车道绕路中线旋转，待达到与内侧车道构成单向横坡后，整个断面仍绕中线旋转，直至超高[图5-1b)]。

（3）绕外侧车道外边缘线旋转。先将外侧车道绕车道外边缘线旋转，内侧车道随中线的降低而降低，待达到单向横坡后，整个断面仍绕外侧车道外边缘线旋转，直至超高[图5-1c)]。

a) 绕内侧车道内边缘线旋转　　b) 绕路中线旋转　　c) 绕路外侧车道外边缘线旋转

图5-1 道路超高过渡方式

**5.2.3** 圆曲线加宽应符合下列规定：

1 圆曲线半径小于或等于250m时，应在圆曲线内侧设置加宽。圆曲线加宽值应符合表5.2.3的规定。

表5.2.3 圆曲线加宽值（m）

| 曲线半径 | 250~≥200 | <200~≥150 | <150~≥100 | <100~≥70 | <70~≥50 | <50~≥30 | <30~≥25 | <25~≥20 | <20~≥15 | <15~≥10 |
|---|---|---|---|---|---|---|---|---|---|---|
| 四级公路（Ⅰ类） | 0.40 | 0.50 | 0.70 | 0.90 | 1.20 | 1.80 | 2.00 | 2.60 | 3.20 | — |
| 四级公路（Ⅱ类） | 0.20 | 0.25 | 0.35 | 0.45 | 0.60 | 0.90 | 1.00 | 1.30 | 1.60 | 2.30 |

续表 5.2.3

| 曲线半径 | 250~≥200 | <200~≥150 | <150~≥100 | <100~≥70 | <70~≥50 | <50~≥30 | <30~≥25 | <25~≥20 | <20~≥15 | <15~≥10 |
|---|---|---|---|---|---|---|---|---|---|---|
| 四级公路（Ⅱ类）（无中型载重汽车和中型客车） | 0.15 | 0.20 | 0.30 | 0.35 | 0.50 | 0.65 | 0.75 | 0.90 | 1.20 | 1.70 |

2 加宽渐变率应不大于 1∶5，且加宽渐变段长度应不小于 6m。

**条文说明**

1 《小交通量农村公路工程技术标准》（JTG 2111—2019）表 4-5 已给出四级公路中型载重汽车（汽车轴距加前悬 $A=6.0m$）对应的加宽值。根据公式，将《小交通量农村公路工程技术标准》（JTG 2111—2019）表 3.2.1 的小客车设计车辆外廓尺寸（汽车轴距加前悬 $A=4.6m$）数据代入，计算出交通组成中无中型载重汽车和中型客车时对应的加宽值并取整，结果如表 5.2.3。表 5.2.3 中四级公路（Ⅰ类）给出的是双车道的加宽值，当圆曲线半径大于或等于 30m 时，可平均分配给内外侧车道；当圆曲线半径小于 30m 时，根据加宽形式（内侧加宽或外侧加宽）计算内外侧车道加宽值分摊比例。

**5.2.4** 超高、加宽的过渡应符合下列规定：

1 超高、加宽过渡段长度应分别按超高和加宽的有关规定计算，取其较长者。
2 超高、加宽过渡宜采用线性过渡。
3 当不设置缓和曲线时，超高、加宽过渡段应设在紧接圆曲线起点或者终点的直线上。不同半径的同向圆曲线径相连接构成的复曲线，其超高、加宽过渡段宜设置在两圆相接点的两侧。均需要设置超高及加宽的反向圆曲线不应径相连接。反向径相连接的两条圆曲线，其中一条圆曲线半径大于不设超高的最小半径时，超高及加宽过渡段应设置在该圆曲线上。
4 当设置缓和曲线时，超高、加宽过渡宜在回旋线全长范围内进行。当回旋线较长时，其超高过渡段应设在回旋线的某一区段范围内，全超高断面宜设在缓圆点或圆缓点处。

**5.2.5** 平曲线最小长度应符合表 5.2.5 的规定。

表 5.2.5 平曲线最小长度

| 设计速度（km/h） | | 15 |
|---|---|---|
| 平曲线最小长度（m） | 一般值 | 40 |
| | 最小值 | 13 |

注："一般值"为正常情况下的采用值，"最小值"为条件受限时可采用的值。

**条文说明**

极限状态下平曲线最小长度即为圆曲线最小长度，按3s行驶时间控制，计算取整得13m。

**5.2.6** 视距应符合下列规定：

1 停车视距、会车视距与超车视距不应小于表5.2.6的规定。

表5.2.6　停车视距、会车视距与超车视距

| 设计速度（km/h） | | 15 |
|---|---|---|
| 停车视距（m） | | 15 |
| 会车视距（m） | | 30 |
| 超车视距（m） | 一般值 | 75 |
| | 最小值 | 55 |

注："一般值"为正常情况下的采用值，"最小值"为条件受限时可采用的值。

2 四级公路（Ⅰ类）应间隔设置满足超车视距的路段。

3 积雪冰冻地区的停车视距宜适当增长。

4 路线设计应对采用较低几何指标、线形组合复杂、路侧设有高边坡或构造物、公路两侧各类出入口、平面交叉、隧道等各种可能存在视距不良的路段和区域进行视距检验。

**5.2.7** 回头曲线应符合下列规定：

1 越岭线宜利用有利地形自然展线，当条件受限时，可采用回头曲线。

2 两相邻回头曲线之间，一个回头曲线的终点至下一个回头曲线起点的距离宜不小于75m；条件受限时，两相邻回头曲线间的距离可在对公路运营安全充分研究论证后合理确定。

3 回头曲线技术指标应符合表5.2.7的规定。

表5.2.7　回头曲线技术指标

| 设计速度（km/h） | | 15 |
|---|---|---|
| 圆曲线最小半径（m） | 单车道 | 12（10） |
| | 双车道 | 15 |
| 最大超高横坡度（%） | | 4（6） |
| 最大纵坡（%） | | 6 |

注：当交通组成中无中型载重汽车和中型客车时，单车道极限最小半径和最大超高横坡度可采用括号内数值。

4 回头曲线前后的线形应连续、均匀、通视良好，两端宜布设缓和曲线，且应设置必要的交通安全设施。

## 5.3 纵断面

**5.3.1** 纵断面设计应符合下列规定：

1 公路纵断面应由直线和竖曲线两种线形组成，在直线的坡度转折处应设置竖曲线，竖曲线线形宜采用圆曲线。

2 公路纵断面的设计高程可采用路基边缘位置或行车道中线位置的高程；在设置超高或加宽的路段应为设超高或加宽前的该处位置。

**5.3.2** 纵坡应符合下列规定：

1 最大纵坡不应大于12%。对交通组成中无中型载重汽车和中型客车的四级公路（Ⅱ类），经论证并在保证安全的前提下，最大纵坡可采用14%。

2 路面有积雪、结冰的地区，最大纵坡不应大于8%。出现积雪、结冰情况时能够及时封闭道路并清除冰、雪的公路，可不受此限制。

3 回头曲线纵坡不应大于6%。

4 村镇路段纵坡不宜大于5%。

5 纵坡不宜小于0.3%；对长路堑及横向排水不畅路段，当纵坡小于0.3%时，边沟应作纵向排水设计。对横向排水良好、不产生路面积水的路段，设计时可不考虑最小纵坡的限制。

6 在海拔3 000m以上的高原地区，最大纵坡应按表5.3.2的规定折减。

表5.3.2 高原纵坡折减值

| 海拔（m） | 3 000~4 000 | 4 000~5 000 | 5 000以上 |
|---|---|---|---|
| 折减值（%） | 1 | 2 | 3 |

**5.3.3** 坡长应符合下列规定：

1 纵坡的最小坡长不应小于45m。

2 不同纵坡的最大坡长应不大于表5.3.3的规定。

表5.3.3 不同纵坡的最大坡长

| 坡度（%） | 5 | 6 | 7 | 8 | 9 | 10 | 11 | 12 | 13 | 14 |
|---|---|---|---|---|---|---|---|---|---|---|
| 坡长（m） | 1 100 | 900 | 700 | 500 | 400 | 300 | 250 | 200 | 150 | 100 |

3 连续上坡（或下坡）路段，在不大于表5.3.3规定的纵坡长度之间应设置缓和坡段，缓和坡段长度不应小于45m。缓和坡段纵坡不宜大于3%，特殊困难路段经论证后不应大于4%。

**5.3.4** 越岭路线连续上坡（或下坡）路段，一般情况下，相对高差为200~500m

时，平均纵坡不宜大于5.5%；相对高差大于500m时，平均纵坡不宜大于5%，且任意连续3km路段的平均纵坡不宜大于5.5%。不能满足上述要求的应进行安全分析论证，并采取增设货车临时停车区、速度控制设施等措施。

**5.3.5** 一般路段最大合成坡度不应大于13%。对交通组成中无中型载重汽车和中型客车的四级公路（Ⅱ类），经论证并在保证安全的前提下，最大合成坡度可采用15%。

**5.3.6** 公路纵坡变化处应设竖曲线，竖曲线最小半径和最小长度应符合表5.3.6的规定。

表5.3.6 竖曲线最小半径和最小长度

| 设计速度（km/h） | | 15 |
| --- | --- | --- |
| 凸形竖曲线半径（m） | 一般值 | 150 |
| | 极限值 | 75 |
| 凹形竖曲线半径（m） | 一般值 | 150 |
| | 极限值 | 75 |
| 竖曲线长度（m） | 一般值 | 40 |
| | 极限值 | 15 |

注："一般值"为正常情况下的采用值，"极限值"为条件受限制时可采用的值。

## 5.4 横断面

**5.4.1** 路基的标准横断面应由车道、路肩等部分组成。村镇路段根据规划及需求，可在车道单侧或双侧设置骑行车道或人行步道等。

**5.4.2** 车道宽度和车道数应符合表5.4.2的规定。

表5.4.2 车道宽度和车道数

| 公路等级 | 四级公路（Ⅰ类） | 四级公路（Ⅱ类） |
| --- | --- | --- |
| 车道数 | 2 | 1 |
| 车道宽度（m） | 3.0 | 3.5 |

**5.4.3** 错车道应符合下列规定：
1 单车道公路行车道宽度小于表5.4.3中的错车道行车道宽度时，应设置错车道。错车道宜保持通视，每公里设置不宜少于3处；对不通视路段，间距不宜大于200m。错车道路段尺寸宜符合表5.4.3的规定，平面布置如图5.4.3所示。
2 错车道宜布置在曲线内侧，纵坡较大时，宜布置在下坡方向的右侧。
3 错车道可借用客运停靠站、观景平台及停车区等。

表 5.4.3 错车道路段尺寸

| 公路等级 | 四级公路（Ⅱ类） | |
|---|---|---|
| 通行车型 | 中型载重汽车及以下汽车 | 轻型载重汽车及以下汽车 |
| 错车道行车道宽度（m） | 6 | 5 |
| 错车道路肩宽度（m） | 0.25 | 0.25 |
| 错车道有效长度（m） | 10 | 8 |
| 每端错车道渐变段长度（m） | 9 | 7 |

注：错车道路肩宽度指设置错车道一侧的路肩宽度。错车道路肩宽度与原车道路肩宽度不一致时，应设置路肩过渡。

图 5.4.3 错车道平面布置图

**5.4.4** 路肩应符合下列规定：

1 路肩宽度应不小于表 5.4.4 的规定。

表 5.4.4 路肩宽度

| 公路等级 | 四级公路（Ⅰ类） | 四级公路（Ⅱ类） |
|---|---|---|
| 车道数 | 2 | 1 |
| 路肩宽度（m） | 0.25 | 0.50 |

2 对需要设置交通安全设施的路段，路肩宽度应满足交通安全设施设置所需的宽度。

**5.4.5** 路基宽度应为行车道宽度与路肩宽度之和，当设有汽车停靠站、停车带、错车道等时，应计入其宽度。设置交通安全设施的路段，应满足交通安全设施设置需求。典型路基横断面形式见本规范附录 A。

**5.4.6** 路拱横坡应符合下列规定：

1 双车道宜采用双向路拱，单车道宜采用单向路拱。路拱横坡应根据路段类型、当地自然条件和路面类型确定，但不宜小于 1.5%。

2 位于直线路段或曲线路段内侧，且车道的横坡大于或等于 3% 时，土路肩的横坡应与车道横坡相同；小于 3% 时，土路肩的横坡应比车道横坡大 1% 或 2%。

3 位于曲线路段外侧的土路肩横坡，应采用3%或4%的反向横坡。

**5.4.7** 路基宽度过渡段形式可采用直线过渡。过渡段渐变率应不大于1/15，过渡段长度应不小于15m。

# 6 路基

## 6.1 一般规定

**6.1.1** 路基设计应遵循因地制宜、就地取材的原则，减少对自然、生态环境的影响，不宜高填、深挖。

**6.1.2** 路基应具有足够的强度、稳定性和耐久性。

**条文说明**

路基是路面的承载体，路基质量直接影响工程质量。

**6.1.3** 路基应重视防护设施的设计，防止水土流失、堵塞河道和诱发地质灾害。

**6.1.4** 路线宜绕避特殊性岩土、不良地质和特殊水文条件的路段；确实不能绕避时，应结合相关规范及当地实践经验进行综合处理。

**6.1.5** 路基改扩建应采取合理的工程措施，避免新旧路基的差异沉降，保证路基的强度和稳定性。

**条文说明**

改扩建的既有路基一般标准较低，在进行工程实施前，要对既有路基进行检测和评估，重视差异沉降对道路造成的影响，选择经济合理的工程措施以保证路基的强度和稳定性。

**6.1.6** 路基可采用技术方案成熟的工业废料、尾矿渣、建筑废弃料等填筑，实现废旧材料的循环利用，节约筑路成本，减少污染，保护生态环境。

**条文说明**

在路基中应用废旧材料可以极大地保护环境，降低公路建设成本。在已有成熟技术方案和应用案例且经检测各项性能满足路基填料的前提下，采用废旧材料作为公路路基填料，可以实现废旧材料的再利用。

## 6.2 一般路基

**6.2.1** 路基高度应符合下列规定：

1 路基设计高度应使路肩边缘高出路基两侧地面积水高度，同时考虑地下水、毛细水和冰冻的作用，保证路基处于中湿或干燥状态，避免地表积水或地下水影响路基的强度和稳定性。

2 路基设计洪水频率应参考当地水文要素，结合村镇发展规划、排洪、泄洪等情况综合确定，不宜低于1/15。

3 沿河及受水浸淹的路基边缘高程，应高出设计洪水频率的计算水位加壅水高、波浪侵袭高和0.5m的安全高度。

4 水文地质条件不良地段的路基最小填土高度，应考虑路基土的性质、土体干湿状态、冰冻作用，并结合地形及排水条件确定，不应小于路床处于中湿状态的临界高度。

5 当路基设计高程受限制、难以达到最小填土高度时，应采取隔离层、排水层等措施以保证路基稳定。排水层可采用粒料、开级配或半开级配混合料等，隔离层可采用土工膜、土工板等土工合成材料或粒料类材料。

6 村镇路段路基高度应充分考虑对沿线房屋及交叉口的影响，应满足居民出行及排水要求。

**条文说明**

路基最小高度要满足设计洪水频率、路基湿度状态的要求，路基湿度状态的划分参见《公路路基设计规范》（JTG D30—2015）第C.0.1条；不满足要求时，要采取相应措施，以保证路基安全。

**6.2.2** 路肩设计应符合下列规定：

1 路肩宽度小于0.5m时应进行硬化；宽度大于或等于0.5m时宜进行硬化，也可采用土质材料培填处理。

2 路肩硬化材料可与路面材料不同，可选用水泥混凝土类、沥青结合料类、块体类或粒料材料等。

3 硬化路肩结构组合和材料设计应不影响路面结构中水的排出。

4 土路肩设计应满足下列要求：

1）路肩用土应满足现行《公路路基施工技术规范》（JTG/T 3610）中路堤填料的相关技术要求，不合格的土不得直接用于路肩培土。

2）路肩培土应分层填筑，压实度不应小于90%，层面平整。

3）土路肩可采用植草绿化，但不应阻挡路面排水。

条文说明

1 路肩硬化处理既可以起到保护行车道的作用，还可以有效防止行车道两侧雨水下渗导致路基路面破坏，对提高路面耐久性是一项行之有效的措施。

4 细化规定土路肩材料、压实度和排水等要求，以减少因路肩损坏造成的路基路面损坏。

**6.2.3** 路基填料的选择应符合下列规定：

1 应选用级配较好的砾类土、砂类土等满足质量要求的当地筑路材料，不得使用泥炭、淤泥、冻土、强膨胀土、有机质土及易溶盐超过允许含量的土。

2 液限大于50%、塑性指数大于26的细粒土，不得直接作为路堤填料。

3 浸水路堤、桥涵台背和挡土墙墙背宜采用渗水性良好的填料。在渗水材料缺乏的地区，采用细粒土填筑时，可采用无机结合料进行稳定处治。

4 硬质岩石、中硬岩石可用作路床、路堤填料；软质岩石可用作路堤填料，不得用于路床填料；膨胀性岩石、易溶性岩石和盐化岩石等不得直接用作路堤填料。

5 天然土石混合填料中，中硬、硬质石料的最大粒径不得大于压实层厚的2/3；石料为强风化石料或软质石料时，石料最大粒径不得大于压实层厚，其最小承载比（CBR）应符合表6.2.3的规定。

6 季节冻土地区的路床不应直接采用粉质土填筑。

7 路基填料最小承载比（CBR）和最大粒径应符合表6.2.3的规定。

表6.2.3 路基填料最小承载比和最大粒径要求

| 路基部位 | 路面底面以下深度（m） | 填料最小承载比（CBR）（%） | 最大粒径（mm） |
|---|---|---|---|
| 路床 | 0~0.30 | 5 | 100 |
| | 0.30~0.80 | 3 | 100 |
| 路堤 | 0.80~1.50 | 3 | 150 |
| | >1.50 | 2 | 150 |

条文说明

填料最小强度和最大粒径要求是路基性能的保障。膨胀性岩石、易溶性岩石和盐化岩石等路用性能较差的石料，需经过技术处理达到路用性能技术要求后再用作路基填料，在未进行处理前，不能直接用作路基填料。

**6.2.4** 路基压实度应符合下列规定：

1 当采用沥青路面、水泥混凝土路面时，路基压实度应满足表6.2.4-1的要求；当采用砂石路面、块体路面、沥青表面处治路面等简易铺装路面结构时，特殊干旱或特殊潮湿地区的路基压实度可降低1~2个百分点。

表6.2.4-1　路基压实度

| 填挖类型 | 路面底面以下深度（m） | 路基压实度（%） |
|---|---|---|
| 零填及挖方 | 0~0.30 | ≥94 |
| 填方 | 0.30~0.80 | ≥94 |
| 填方 | 0.80~1.50 | ≥93 |
| 填方 | >1.50 | ≥90 |

注：1. 表列数值以重型击实试验法为准。
　　2. 桥台背、涵台背、挡墙背路基压实度不小于94%。

2　填石路堤压实质量标准宜用孔隙率作为控制指标，并满足表6.2.4-2~表6.2.4-4的要求。

表6.2.4-2　硬质岩填石路基压实控制标准

| 分区 | 路面底面以下深度（m） | 摊铺厚度（mm） | 最大粒径 | 压实干密度（kg/m³） | 孔隙率（%） |
|---|---|---|---|---|---|
| 上路堤 | 0.8~1.50 | 400 | 小于层厚2/3 | 试验确定 | ≤23 |
| 下路堤 | >1.50 | 600 | 小于层厚2/3 | 试验确定 | ≤25 |

表6.2.4-3　中硬石料填石路基压实控制标准

| 分区 | 路面底面以下深度（m） | 摊铺厚度（mm） | 最大粒径 | 压实干密度（kg/m³） | 孔隙率（%） |
|---|---|---|---|---|---|
| 上路堤 | 0.8~1.50 | 400 | 小于层厚2/3 | 试验确定 | ≤22 |
| 下路堤 | >1.50 | 500 | 小于层厚2/3 | 试验确定 | ≤24 |

表6.2.4-4　软质石料填石路基压实控制标准

| 分区 | 路面底面以下深度（m） | 摊铺厚度（mm） | 最大粒径 | 压实干密度（kg/m³） | 孔隙率（%） |
|---|---|---|---|---|---|
| 上路堤 | 0.8~1.50 | 300 | 小于层厚 | 试验确定 | ≤20 |
| 下路堤 | >1.50 | 400 | 小于层厚 | 试验确定 | ≤22 |

**6.2.5**　路床顶面回弹模量不应低于30MPa，当采用沥青路面和水泥混凝土路面时不应低于40MPa。

**条文说明**

当采用贝克曼梁进行路床验收时，按现行《公路路基路面现场测试规程》（JTG 3450）的相关规定进行弯沉和回弹模量的测试。

**6.2.6** 原地面处理应符合下列规定：

1 稳定的斜坡上，当地面横坡缓于1∶5时，清除地表草皮、腐殖土后，可直接填筑路堤；当地面横坡为1∶5～1∶2.5时，原地面应挖台阶，台阶宽度不应小于2m。当基岩面上的覆盖层较薄时，宜先清除覆盖层再挖台阶；当覆盖层较厚且稳定时，可予保留。

2 地面横坡陡于1∶2.5地段的陡坡路堤，应验算路堤整体沿基底及基底下软弱层滑动的稳定性；必要时，应采取改善基底条件或设置支挡结构物等防滑措施。

3 地基表层应碾压密实。一般土质地段，地基压实度不应小于85%。低路堤应对地基表层土进行超挖、分层回填压实，其处理深度不应小于路床深度。

4 原地面清表处理的种植土应充分利用，可用作后期绿化用土，但不应直接用于路基填筑。

5 当地下水影响路堤稳定时，应采取拦截引排地下水或在路堤底部填筑渗水性好的材料等措施。

6 孤石、石笋应清除。

7 稻田、湖塘等地段，应视具体情况采取排水、清淤、晾晒、换填、加筋、外掺无机结合料等处理措施。

8 在非岩石地基上填筑填石路堤前，宜设置砂石、碎石等过渡层。

**条文说明**

原地面处理的优劣对公路强度和稳定性影响较大，原地面处理的质量好坏对保证路面的耐久性至关重要。本条参考《公路路基设计规范》（JTG D30—2015）第3.3.6条给出地基表层处理设计的要求，强化了对原地面处理的要求，并根据农村公路实际情况进行了调整。

**6.2.7** 当路基湿度状态、路床填料CBR和路床回弹模量等不能满足要求时，应根据气候、土质、地下水赋存和料源等条件，经技术经济比选后，对路床采取下列处理措施：

1 可采用粗粒土或低剂量无机结合料稳定土等进行换填，并合理确定换填深度。

2 对细粒土宜采用无机结合料进行稳定处治。细粒土处治设计应通过物理力学试验，确定处治材料及其掺量、处治后的路基性能指标等。

3 在水文地质条件不良的土质挖方路基或者潮湿状态填方路基，应采取设置排水垫层、毛细水隔离层、地下排水渗沟等措施。

4 季节冻土地区路基为中湿、潮湿状态的路段，宜设置防冻垫层。防冻垫层宜采用粗砂、砂砾和碎石等粒料类材料。

**6.2.8** 路基填挖交界处理应符合下列规定：

1 挖方区为土质或软质岩石时，应对挖方区路床范围不满足要求的土质或软质岩石进行超挖换填或改良处治；填方区宜采用渗水性好的材料填筑。当挖方区为硬质岩石时，填方区宜采用填石路堤。

  2 填挖交界处基底处理应满足下列要求：

  1）应从填方坡脚起向上设置向内侧倾斜的台阶，台阶宽度不小于2m，在挖方一侧，台阶应与每个行车道宽度一致、位置重合。

  2）对石质山坡，应清除原地面松散风化层，开凿相应台阶。

  3）有地下水或地面水汇流的路段，应采用合理措施导排水流。

  3 路基纵向填挖交界结合部宜设置过渡段。

**条文说明**

  填挖交界处是路基损坏的敏感位置，合理地处理填挖交界位置可以减少路面结构损坏。填挖交界处路基损坏造成的路基差异沉降变形破坏、路基滑塌等病害修复较困难，因此在设计施工时要充分重视。

  在路基纵向填挖交界结合部设置过渡段，并采用渗水性较好的砂砾、碎石土填筑，能较好地防治路基病害。

**6.2.9** 路基边坡设计应符合下列规定：

  1 路基边坡形式、坡率及防护设计应遵循节约用地的原则，根据工程实际地形、地质与水文条件、边坡高度、排水措施、施工方法及筑路材料，按现行《公路路基设计规范》（JTG D30）的要求通过稳定性分析计算，并参考当地同类条件下稳定的路基边坡设计和施工经验综合确定。

  2 坡面应平整、坚实、无坍塌等。有条件时，宜放缓边坡，并采用自然适宜的边沟形式与原地貌融为一体，形成路侧缓冲地带，提高行车安全性、美化环境。

**条文说明**

  路基边坡设计是否合理不仅影响边坡的稳定，同时也影响环保和景观效果。在进行边坡设计时，边坡坡率要依据边坡地质条件和周围用地条件灵活确定，尽量采用缓边坡。

  缓坡比陡坡更稳定、更安全，也有利于植物的种植，便于养护，既美化环境，又提高行车安全感。据研究，边坡缓于1:4时，车辆不至于完全失控，减少潜在危险。

**6.2.10** 路堤边坡设计应符合下列规定：

  1 当地质条件良好、边坡高度不大于20m时，其边坡坡率不宜陡于表6.2.10-1的规定值；边坡高度大于20m时，边坡形式宜采用阶梯型，边坡坡率应按现行《公路路基设计规范》（JTG D30）的相关规定通过稳定性分析计算确定。

表 6.2.10-1 路堤边坡坡率

| 填料类别 | 边坡坡率 | |
|---|---|---|
| | 上部高度（H≤8m） | 下部高度（H≤12m） |
| 细粒土 | 1∶1.5 | 1∶1.75 |
| 粗粒土 | 1∶1.5 | 1∶1.75 |
| 巨粒土 | 1∶1.3 | 1∶1.5 |

2 浸水路堤在设计水位以下的边坡坡率不宜陡于1∶1.75。

3 砌石路基的内、外坡坡率不宜陡于表6.2.10-2的规定值。

表 6.2.10-2 砌石边坡坡率

| 序号 | 砌石高度（m） | 内坡坡率 | 外坡坡率 |
|---|---|---|---|
| 1 | ≤5 | 1∶0.3 | 1∶0.5 |
| 2 | ≤10 | 1∶0.5 | 1∶0.67 |
| 3 | ≤15 | 1∶0.6 | 1∶0.75 |

4 填石路堤的边坡坡率不宜陡于表6.2.10-3规定值。

表 6.2.10-3 填石路堤边坡坡率

| 填石料种类 | 边坡高度（m） | | | 边坡坡率 | |
|---|---|---|---|---|---|
| | 全部高度 | 上部高度 | 下部高度 | 上部高度 | 下部高度 |
| 硬质岩石 | 20 | 8 | 12 | 1∶1.1 | 1∶1.3 |
| 中硬岩石 | 20 | 8 | 12 | 1∶1.3 | 1∶1.5 |
| 软质岩石 | 20 | 8 | 12 | 1∶1.5 | 1∶1.75 |

**6.2.11** 路堑边坡设计应符合下列规定：

1 高度不大于20m的土质路堑边坡坡率不宜陡于表6.2.11-1的规定值；边坡高度大于20m时，其边坡形式及坡率应按现行《公路路基设计规范》（JTG D30）的相关规定通过稳定性分析计算确定。

表 6.2.11-1 土质路堑边坡坡率

| 土的类别 | | 边坡坡率 |
|---|---|---|
| 黏土、粉质黏土、塑性指数大于3的粉土 | | 1∶1 |
| 中密以上的中砂、粗砂、砂砾 | | 1∶1.5 |
| 卵石土、碎石土、圆砾土、角砾土 | 胶结和密实 | 1∶0.75 |
| | 中密 | 1∶1 |

2 岩质路堑边坡无外倾软弱结构面的边坡坡率可按表6.2.11-2确定。对有外倾软弱结构面的岩质边坡、坡顶边缘附近有较大荷载的边坡、边坡高度超过表6.2.11-2范围的边坡等，边坡坡率应按现行《公路路基设计规范》（JTG D30）的相关规定通过稳

定性分析计算确定。

表 6.2.11-2 岩质路堑边坡坡率

| 边坡岩体类型 | 风化程度 | 边坡坡率 | |
|---|---|---|---|
| | | $H<15m$ | $15m \leq H \leq 30m$ |
| Ⅰ类 | 未风化、微风化 | 1:0.1~1:0.3 | 1:0.1~1:0.3 |
| | 弱风化 | 1:0.1~1:0.3 | 1:0.3~1:0.5 |
| Ⅱ类 | 未风化、微风化 | 1:0.1~1:0.3 | 1:0.3~1:0.5 |
| | 弱风化 | 1:0.3~1:0.5 | 1:0.5~1:0.75 |
| Ⅲ类 | 未风化、微风化 | 1:0.3~1:0.5 | — |
| | 弱风化 | 1:0.5~1:0.75 | — |
| Ⅳ类 | 弱风化 | 1:0.5~1:1 | — |
| | 强风化 | 1:0.75~1:1 | — |

**条文说明**

《公路路基设计规范》（JTG D30—2015）第 3.4 节给出土质路堑和岩质路堑边坡坡率的要求，农村公路可以采用相同指标进行设计。岩质边坡岩体分类按《公路路基设计规范》（JTG D30—2015）附录 E 确定。

**6.2.12** 当条件受限无法修建小桥涵、地质条件较好且公路通过石料丰富地区时，可采用透水路堤。透水路堤可与桥涵配合使用，并应符合下列规定：

1 透水路堤分为压力式和无压力式两种，压力式透水路堤应考虑背水影响。
2 透水路堤所用石料应具有耐冻性，尺寸宜不小于 30cm 且均匀一致。
3 在含有悬浮黏性土颗粒的周期性水流上，不宜修建透水路堤；必须修建时，宜在上游修过滤埝防止淤塞。
4 透水路堤及过滤埝的具体形式可参照本规范附录 B。

**6.2.13** 取（弃）土场设计应符合下列规定：

1 应合理确定取（弃）土场位置，并设置必要的防护及排水设施，满足环保及土地保护相关要求，防止水土流失。
2 取（弃）土应避免影响路基稳定及斜坡稳定；沿河弃土时，应防止加剧下游路基与河岸的冲刷，避免弃土侵占河道，并合理设置防护支挡工程。

## 6.3 路基防护与支挡

**6.3.1** 有条件的路段，可适当放缓边坡，不进行边坡防护；条件受限时，应采取措施进行边坡防护。

**6.3.2** 应根据气候条件、岩土性质、边坡高度、边坡坡率、水文地质条件、环境保护、水土保持等因素，按表6.3.2经技术经济比较后选择适宜的防护措施。边坡防护宜采用植物防护，并与适当的工程防护相结合。

表 6.3.2　边坡防护工程类型及适用条件

| 防护类型 | | 适用条件 |
|---|---|---|
| 植物防护 | 植草 | 可用于坡率不陡于1:1的土质边坡防护，当边坡较高时，植草可与土工网、土工网垫结合防护 |
| | 种植灌木 | 可用于坡率不陡于1:0.75的土质、软质岩石和全风化岩石边坡防护 |
| 骨架植物防护 | — | 可用于坡率不陡于1:0.75的土质和全风化、强风化的岩石边坡防护 |
| 工程防护 | 防护网 | 可用于坡率不陡于1:0.5的岩石边坡防护 |
| | 现浇混凝土、混凝土预制块护坡 | 可用于坡率不陡于1:1的易风化的岩石和土质边坡防护 |
| | 干砌片石护坡 | 可用于坡率不陡于1:1.25的土质边坡或岩石边坡防护 |
| | 浆砌片石护坡 | 可用于坡率不陡于1:1的易风化的岩石和土质边坡防护 |
| | 护面墙 | 可用于坡率不陡于1:0.5的土质和易风化剥落的岩石边坡防护 |

**6.3.3**　冲刷防护设计应符合下列规定：

1　沿河路基受水流冲刷时，应根据河流特性、水流性质、河道地貌、地质等因素，结合路基位置，按表6.3.3经技术经济比较后选用适宜的防护工程类型。路基防护工程冲刷计算可按本规范附录C的方法计算。

表 6.3.3　冲刷防护工程类型及适用条件

| 防护类型 | | 适用条件 |
|---|---|---|
| 植物防护 | | 可用于允许流速为1.2~1.8m/s、水流方向与公路路线近似平行、不受洪水主流冲刷的季节性水流冲刷地段防护 |
| 浆砌片石、混凝土护坡 | | 可用于允许流速为3~6m/s，波浪作用较强，有流冰、漂浮物等撞击的边坡 |
| 抛石防护 | | 可用于经常浸水且水深较大的路基边坡或坡脚以及挡土墙、护坡的基础防护 |
| 石笼防护 | | 可用于允许流速为4~5m/s的沿河路堤坡脚或河岸防护 |
| 导流 | 丁坝 | 可用于宽浅性河段，保护河岸或路基不受水流直接冲蚀而产生破坏 |
| | 顺坝 | 可用于河床断面较窄、基础地质条件较差的河岸或沿河路基防护，以调整水流曲度和改善流态 |

2 经常浸水或长期浸水的路堤边坡，不宜采用植草防护。用于冲刷防护的树种应具有喜水性。

3 用于冲刷防护的浆砌片石护坡厚度应不小于0.35m，混凝土护坡厚度应不小于0.15m，护坡基础应埋置在一般冲刷线以下0.5~1.0m。对过分潮湿或冻害严重的土质边坡应先采取排水措施再进行铺筑。

4 抛石防护宜用于抢修工程。大块石料缺乏的地区，也可用预制混凝土异型块作为抛投材料。

5 沿河路堤坡脚或河岸，当受水流冲刷和风浪侵袭，且防护工程基础不易处理或沿河挡土墙、护坡基础局部冲刷深度过大时，可采用石笼防护。石笼防护设计应满足下列要求：

1）石笼内所填石料，应选用相对密度大、浸水不崩解、坚硬且未风化石块，块径应大于石笼的网孔尺寸。

2）石笼下宜设置碎石、砾石或卵石垫层，厚度宜为0.2~0.4m。

6 丁坝设计应满足下列要求：

1）丁坝长度应根据防护长度、丁坝与水流方向的交角、河段地形、水文条件及河床地质情况等确定，垂直于水流方向上的投影长度不宜超过稳定河床宽度的1/4。

2）用于路基防护的丁坝宜采用漫水坝或潜坝，丁坝与水流方向的交角以小于或等于90°为宜。

3）丁坝可采用铁丝石笼或相互铰接的预制混凝土块等柔性结构物，也可采用石砌或现浇混凝土等刚性结构物。

7 顺坝设计应满足下列要求：

1）顺坝与上、下游河岸的衔接应使水流顺畅，起点应选择在水流匀顺的过渡段，坝根位置宜设在主流转向点的上方。

2）顺坝宜采用石砌或混凝土结构。

3）顺坝坝根应嵌入稳定河岸内不小于3~5m。漫溢式顺坝应在坝后设置格坝。

6.3.4 挡土墙设计应根据路基横断面、地形地质条件和地基承载力，合理确定挡土墙位置、起讫点、长度和高度，并按表6.3.4进行技术经济比较后选择适宜的挡土墙类型。

表6.3.4 挡土墙类型及适用条件

| 挡土墙类型 | 适 用 条 件 |
| --- | --- |
| 重力式挡土墙 | 适用于一般地区、浸水地段的路堤和路堑等支挡工程。墙高不宜超过12m，干砌挡土墙的高度不宜超过6m |
| 半重力式挡土墙 | 适用于不宜采用重力式挡土墙的地下水位较高或较软弱的地基上。墙高不宜超过8m |

续表 6.3.4

| 挡土墙类型 | 适 用 条 件 |
|---|---|
| 石笼式挡土墙 | 可用于地下水较多的土质、风化破碎岩石、边坡容易垮塌等路段 |
| 锚杆挡土墙 | 宜用于墙高较大的岩质路堑地段。可用作抗滑挡土墙，可采用肋柱式或板壁式单级墙或多级墙。每级墙高不宜大于 8m，多级墙的上、下级墙体之间应设置宽度不小于 2m 的平台 |

**6.3.5** 不同类型挡土墙技术要求应符合表 6.3.5 的规定。

表 6.3.5 不同类型挡土墙技术要求

| 挡土墙类型 | 技 术 要 求 |
|---|---|
| 重力式挡土墙 | 1）当墙身为混凝土浇筑时，墙顶宽度不应小于 0.40m；当为浆砌片石时，墙顶宽度不应小于 0.50m；当为干砌片石时，墙顶宽度不应小于 0.60m。<br>2）墙高小于或等于 10m 的挡土墙可采用浆砌片石，墙高大于 10m 的挡土墙和浸水挡土墙宜采用片石混凝土 |
| 半重力式挡土墙 | 1）应按弯曲抗拉强度和刚度计算要求，确定立壁与底板之间的转折点数。<br>2）端部厚度不应小于 0.40m，底板的前趾扩展长度不宜大于 1.5m |
| 石笼式挡土墙 | 1）永久工程应采用重镀锌钢丝；使用年限为 8~12 年时，可采用镀锌铁丝；使用年限为 3~5 年时，可采用普通铁丝石笼。<br>2）石笼内填充物应采用质地坚硬、不易崩解和水解的片石或块石，石料粒径宜为 100~300mm，小于 100mm 的粒径不应超过 15% 且不得用于石笼网格的外露面，石料空隙率不得超过 30%。<br>3）墙背应设置反滤层，以防止淤堵 |
| 锚杆挡土墙 | 1）肋柱式锚杆挡土墙的肋柱间距宜为 2.0~3.0m。肋柱宜垂直布置或向填土一侧仰斜，但仰斜度不应大于 1:0.05。<br>2）多级肋柱式锚杆挡土墙的平台，宜用厚度不小于 0.15m 的 C15 混凝土封闭，并设置向墙外倾斜 2% 的横坡度。<br>3）每级肋柱上的锚杆层数，可设计为双层或多层。锚杆可按弯矩相等或支点反力相等的原则布置，向下倾斜。每层锚杆与水平面的夹角宜为 15°~20°，锚杆层间距不小于 2.0m。<br>4）肋柱受力方向的前后侧面内应配置通长受力钢筋，钢筋直径不应小于 12mm。<br>5）挡土板宜采用等厚度板，板厚不得小于 0.30m。预制墙面板应预留锚杆的锚定孔 |

## 6.4 特殊路基

**6.4.1** 路线宜选择相对较优的位置穿过特殊性岩土、不良地质以及特殊气候和水文条件路段，避免高填深挖，并结合相关规范及当地经验对路基进行综合处置。

**条文说明**

当路线通过特殊性岩土、不良地质以及特殊气候和水文条件路段时，优先选择避让，以降低工程成本；无法避让时，对特殊地段地质情况进行综合分析，确定最有利的路线布设位置，尽量减少不良地质、特殊性岩土对路基的影响。

**6.4.2** 特殊路基设计应遵循预防为主、防治结合的原则，采取有效的工程处理措施，保证路基稳定。

**6.4.3** 特殊路基应加强防排水设计，防止地表水和地下水对路基稳定性造成影响。

**6.4.4** 滑坡、崩塌、泥石流、岩堆、岩溶等不良地质地区路基设计时，应判断不良地质对公路的危害性和公路施工对地质的扰动，减少其相互影响。

**6.4.5** 软土、冻土、膨胀土、黄土、盐渍土等特殊土路段应根据当地成功的工程经验确定处治方案；宜综合考虑特殊土利用的可行性，在填料缺乏时，可通过预处理等方式增加原位土的利用率。

**条文说明**

特殊土路段要考虑特殊土利用的可行性，弱、中等膨胀土采用无机结合料改性，黄土采用预浸等预处理措施，以提高土的利用率。工程实施过程中未能彻底处理的不良地质等路段，在公路通车后，要切实加强对这些路段的跟踪观察，增设警示标志，加强后期的养护管理，出现问题及时上报和处置，确保道路的安全畅通。

## 6.5 路基改扩建

**6.5.1** 既有路基的调查应包括下列内容：
1 应调查既有路基填料的物理性质及力学性质。
2 应调查既有路基病害和隐患情况，整理分析病害的类型、规模、分布、成因等数据。
3 应调查既有路基支挡、防护工程的地基地质条件、基础形式和使用状况，必要时应对支挡工程地基进行勘探试验。
4 应调查既有路基排水系统状况。

**6.5.2** 既有路基的分析评价应包括下列内容：
1 根据调查、测量、试验和水文分析资料，确定既有路基高程能否满足路基设计洪水频率规定。

2 确定既有路基填料能否满足路基土最小 CBR 值、路基压实要求。
3 分析评价路基边坡的稳定状态、各种防护排水设施的有效性及改进措施。
4 分析评价既有路基病害的类型、分布范围、规模、成因，以及既有路基病害整治工程设施的效果。

**条文说明**

6.5.1～6.5.2 小交通量农村公路的拓宽改建目前多为机耕路或无铺装路面改建为四级公路（Ⅰ类）、四级公路（Ⅱ类），关键是对既有路基及地基填料情况进行勘察、试验与分析评价，对防护、排水设施情况进行深入调查，在后期设计时要做到因地制宜，精准设计。

**6.5.3** 路基改扩建设计应符合下列规定：
1 路基加宽时，宜采用单侧加宽，充分利用既有路基，合理处治既有路基病害，确保路基扩建后的整体使用性能。
2 新旧路基应采取台阶拼接、增强补压或铺设土工合成材料等工程措施，控制新旧路基之间的差异沉降，保证拓宽改建路基的强度和稳定性。
3 应维持或改善既有公路排水设施功能。排水设施损坏的应进行修复，排水设施功能不满足改建后的使用要求时，应进行改造。
4 既有路段为唯一通道的，路基设计时应考虑施工组织要求，分时段施工。
5 拓宽路基的原地面处理、边坡形式和坡度、路基填料的最小 CBR 值和压实度等应满足改建后相应等级公路的要求。
6 拓宽改建路堤的填料，宜选用与既有路堤相同且符合要求的填料，或比既有路堤填料渗水性强的填料。

**条文说明**

1 路基拓宽改建要综合考虑利用既有路基防护、边沟、排水沟等圬工片石作为新防护、排水等设施，最大限度地利用既有路基，修复既有路基病害。

# 7 路面

## 7.1 一般规定

**7.1.1** 应遵循因地制宜、就地取材、便于养护、保护环境的原则，根据公路功能、技术等级、路基状况、当地材料及自然条件等进行路面综合设计，宜选用沥青路面或水泥混凝土路面结构形式，也可选用简易铺装路面形式。

**7.1.2** 路面应具有足够的强度、稳定性和耐久性，面层应满足平整及抗滑要求。

**7.1.3** 路面设计使用年限不应小于表7.1.3的规定。

表7.1.3 路面设计使用年限

| 路 面 类 型 | | | 设计使用年限（年） |
|---|---|---|---|
| 简易铺装路面 | 沥青表面处治路面 | 碎石封层 | 4（8） |
| | | 稀浆封层 | 4（8） |
| | | 微表处 | 5（8） |
| | | 纤维封层 | 5（8） |
| | | 复合封层 | 6（8） |
| | 块体路面 | 块石 | 8 |
| | | 弹石 | 8 |
| | | 砖块 | 4 |
| | | 预制混凝土块 | 8 |
| | 砂石路面 | 泥结碎石 | 3 |
| | | 泥灰结碎石 | 3 |
| | | 级配砂砾 | 3 |
| | | 级配碎石 | 3 |
| 沥青路面 | | 贯入式沥青碎石 | 8 |
| | | 上拌下贯式沥青碎石 | 8 |
| | | 沥青混凝土 | 8 |
| | | 厂拌热再生沥青混合料 | 8 |
| | | 厂拌冷再生沥青混合料 | 8 |

续表 7.1.3

| 路 面 类 型 | | 设计使用年限（年） |
|---|---|---|
| 沥青路面 | 就地热再生沥青混合料 | 8 |
| | 就地冷再生沥青混合料 | 8 |
| 水泥混凝土路面 | | 10 |

注：1. 当采用沥青表面处治路面时，表中括号内的数据为路面结构中含有基层时的路面结构设计使用年限，括号外数据为面层设计使用年限。
2. 表中砖块路面和砂石路面的设计使用年限是在路床上直接加铺该类面层的路面设计使用年限。

**条文说明**

复合封层主要指采用 2 层及以上沥青表面处治技术组合而成的面层结构形式，如双层式碎石封层、三层式碎石封层、碎石封层+稀浆封层（微表处）、碎石封层+纤维封层等成熟的表处结构组合。

就地冷再生一般为全深式冷再生。

## 7.2 设计方法

**7.2.1** 路面结构设计宜根据当地经济、交通特点、地域特点、公路功能等情况，采用典型结构的设计方法。

**7.2.2** 应综合考虑交通组成、材料、经济、养护、环境等因素，合理选择路面材料与结构厚度组合。

**条文说明**

7.2.1～7.2.2 为了突出简化和明确，在国内外前期研究的基础上，本规范路面结构设计采用典型结构的设计方法，充分利用地方材料，合理确定结构层厚度。

## 7.3 路面材料与结构选择

**7.3.1** 路面结构宜由面层、基层、底基层和必要的功能层组合而成。路基承载能力及路基填筑高度达到要求时可直接铺筑面层，但宜根据需要设置相应的功能层；石质路基路段的水泥混凝土路面可仅由调平层和面层组成。

**7.3.2** 基层和底基层设计应符合下列规定：
1 基层和底基层材料可参照表 7.3.2-1 选用。

表 7.3.2-1  基层和底基层材料

| 类型 | 材料 |
| --- | --- |
| 无机结合料稳定类 | 石灰稳定细粒土 |
|  | 水泥稳定细粒土 |
|  | 石灰粉煤灰稳定细粒土 |
|  | 水泥稳定碎石或砾石 |
|  | 水泥粉煤灰稳定碎石 |
|  | 石灰粉煤灰稳定碎石或砾石 |
| 粒料类 | 级配碎石或砂砾 |
|  | 填隙碎石 |
|  | 泥结或泥灰结碎石 |
| 废旧路面再生类 | 再生沥青混合料 |
|  | 再生无机结合料稳定材料 |
| 其他类 | 固化剂稳定细粒土 |

2 不同材料基层和底基层厚度宜符合表 7.3.2-2 的规定。

表 7.3.2-2  基层和底基层厚度

| 结构层类型 | 结构层适宜厚度（mm） |
| --- | --- |
| 无机结合料稳定细粒土 | 160～200 |
| 无机结合料稳定碎石或砾石 | 160～200 |
| 级配碎石、级配砂砾 | 150（100）～200 |
| 填隙碎石 | 100～120 |
| 泥结碎石、泥灰结碎石 | 100～150 |
| 厂拌冷再生混合料 | 60～160 |
| 乳化沥青、泡沫沥青就地冷再生 | 80～160 |
| 无机结合料稳定就地冷再生 | 150～220 |
| 固化剂稳定细粒土 | 160～200 |

注：当交通组成中无中型载重汽车和中型客车时，可选择括号内数值。

**7.3.3** 面层设计应符合下列规定：

1 面层材料可参照表 7.3.3-1 选用。

表 7.3.3-1  面层材料

| 类型 | 材料 |
| --- | --- |
| 沥青表面处治类 | 碎石封层 |
|  | 稀浆封层 |
|  | 微表处 |
|  | 纤维封层 |
|  | 复合封层 |

续表 7.3.3-1

| 类型 | 材料 |
|---|---|
| 块体类 | 块石 |
| | 弹石 |
| | 砖块 |
| | 预制混凝土块 |
| 砂石类 | 泥结碎石 |
| | 泥灰结碎石 |
| | 级配砂砾 |
| | 级配碎石 |
| 沥青混合料类 | 贯入式沥青碎石 |
| | 上拌下贯式沥青碎石 |
| | 沥青混凝土 |
| | 厂拌热再生沥青混合料 |
| | 厂拌冷再生沥青混合料 |
| | 就地热再生沥青混合料 |
| | 就地冷再生沥青混合料 |
| 水泥混凝土 | 水泥混凝土 |

2 沥青混凝土面层和厂拌热再生沥青混合料面层的厚度宜符合表 7.3.3-2 的规定，其他类型路面面层厚度宜符合表 7.3.3-3 的规定。

表 7.3.3-2 沥青混凝土面层的结构层适宜厚度

| 沥青混合料类型 | 公称最大粒径（mm） | 结构层适宜厚度（mm） |
|---|---|---|
| 中粒式沥青混凝土 | 16 | 50~80 |
| | 19 | 60~100 |
| 细粒式沥青混凝土 | 9.5 | 30~40 |
| | 13.2 | 40~60 |
| 砂粒式沥青混凝土 | 4.75 | 15~30 |

表 7.3.3-3 其他类型路面面层的结构层适宜厚度

| 结构层类型 | 结构层适宜厚度（mm） |
|---|---|
| 沥青表面处治 | 层铺法 10~30，拌和法 20~40 |
| 块石路面 | ≥150 |
| 弹石路面 | ≥120 |
| 砖块路面 | ≥120 |
| 预制混凝土块路面 | ≥100 |
| 泥结碎石、泥灰结碎石 | 100~150 |

续表 7.3.3-3

| 结构层类型 | 结构层适宜厚度（mm） |
|---|---|
| 级配砂砾、级配碎石 | 150~200 |
| 贯入式沥青碎石 | 40~100 |
| 上拌下贯式沥青碎石 | 50~100 |
| 厂拌冷再生混合料 | 60~160 |
| 就地热再生沥青混合料 | 20~50 |
| 乳化沥青、泡沫沥青就地冷再生混合料 | 80~160 |
| 水泥混凝土路面 | 180~250 |

　　3　水泥混凝土路面面层材料设计强度应采用28d龄期的弯拉强度，水泥混凝土弯拉强度标准值应不低于4.0MPa。

**7.3.4**　结构层厚度应根据交通组成、路基承载能力等因素选择。

**7.3.5**　应考虑环境保护要求，充分利用公路路面维修改造中产生的废旧材料。

**7.3.6**　对填方较高、软弱地基等不利状况路基，宜采用砂石路面或块体路面作为过渡，待沉降稳定后再铺筑新路面。

**条文说明**

　　在填方较高和冻土、软土等软弱地基情况下，路基常会出现较大的工后沉降，导致路面变形破坏。因此，采用砂石路面或块体路面作为过渡，待工后沉降稳定后重新调整高程，修建新的路面结构。

**7.3.7**　在急弯、陡坡路段，应采取措施提高路面抗滑性能。

**条文说明**

　　水泥混凝土路面通过增加刻槽深度等措施提高路面抗滑性能，沥青路面选择表面纹理比较好的沥青混合料类型，或采用块体路面等抗滑性能较好的路面。

**7.3.8**　过水路面材料应防冲刷，宜用块体路面；缺少石材时，也可采用水泥混凝土路面。过水路面可采用表7.3.8推荐的典型结构。

表7.3.8　过水路面典型结构

| 面层类型 | 块体路面（mm） | 水泥混凝土路面（mm） |
|---|---|---|
| 面层 | 100~150 | ≥220 |
| 基层（浆砌片石） | 300~400 | |

续表7.3.8

| 面 层 类 型 | 块体路面（mm） | 水泥混凝土路面（mm） |
|---|---|---|
| 底基层（砂砾） | \multicolumn{2}{c}{100~200} | |
| 路基 | \multicolumn{2}{c}{碎砾石路基（片石防护、涵洞）} | |

**7.3.9** 地质灾害高风险路段，宜采用造价相对较低的路面类型。

**条文说明**

滑坡、崩塌、泥石流、雪害等地质灾害高风险路段，地质灾害较为频繁，采用造价较低的路面可以减少地质灾害发生时的经济损失。

**7.3.10** 路面宜设置路拱，不同路面类型的路拱坡度宜符合表7.3.10的规定。

表7.3.10 路拱坡度建议值

| 路 面 类 型 | 路拱坡度（%） |
|---|---|
| 沥青路面、水泥混凝土路面、沥青表面处治路面 | 1.5~4 |
| 块体路面、砂石路面 | 2~4 |

注：干旱或冰冻积雪地区取低值，多雨地区取高值。

**条文说明**

对块体路面、砂石路面，除路面不平整影响，路面表面相对粗糙，适当加大路拱坡度以保证排水顺畅。四级公路（Ⅰ类）和四级公路（Ⅱ类）路拱坡度均采用表7.3.10建议值。

**7.3.11** 改扩建路面设计应符合下列规定：
1 应对现有路面状况进行调查评估，有针对性地开展设计。
2 应充分利用既有路面结构，充分利用路面回收材料。
3 既有路面不能满足性能要求时，应选用补强、再生利用、重建等措施进行处理。
4 改扩建路面设计年限宜与新建路面相同。

**7.3.12** 桥面铺装路面和隧道路面应根据实际情况采用沥青路面或水泥混凝土路面。

## 7.4 推荐的典型路面结构组合

**7.4.1** 路面结构层厚度组合可参照表7.4.1-1~表7.4.1-5选用，也可根据当地工程经验确定。

### 表 7.4.1-1　无机结合料稳定类基层（粒料类底基层）路面厚度范围

| 路面类型 | 沥青表面处治路面（mm） | 块体路面（mm） | 砂石路面（mm） | 沥青路面（mm） | 水泥混凝土路面（mm） |
|---|---|---|---|---|---|
| 面层 | 10～40 | 100～240 | 100～200 | 15～160 | 180～250 |
| 基层（无机结合料稳定类） | 160～200 | 160～200 | — | 160～200 | 160～200 |
| 底基层（粒料类） | 150（100）～200 | 150（100）～200 | — | 150（100）～200 | 150（100）～200 |

注：1. 根据需要可选择设置功能层。
　　2. 路基潮湿或受冰冻影响较大时，应设置功能层。
　　3. 当交通组成中无中型载重汽车和中型客车时，可选择括号内数值。

### 表 7.4.1-2　无机结合料稳定类基层（无机结合料稳定类底基层）路面厚度范围

| 路面类型 | 沥青表面处治路面（mm） | 块体路面（mm） | 砂石路面（mm） | 沥青路面（mm） | 水泥混凝土路面（mm） |
|---|---|---|---|---|---|
| 面层 | 10～40 | 100～240 | 100～200 | 15～160 | 180～250 |
| 基层（无机结合料稳定类） | 160～200 | 160～200 | — | 160～200 | 160～200 |
| 底基层（无机结合料稳定类） | 160～200 | 160～200 | — | 160～200 | 160～200 |

注：1. 根据需要可选择设置功能层。
　　2. 路基潮湿或受冰冻影响较大时，应设置功能层。

### 表 7.4.1-3　粒料类基层（粒料类底基层）路面厚度范围

| 路面类型 | 沥青表面处治路面（mm） | 块体路面（mm） | 砂石路面（mm） | 沥青路面（mm） | 水泥混凝土路面（mm） |
|---|---|---|---|---|---|
| 面层 | 10～40 | 100～240 | 100～200 | 40～160 | 180～250 |
| 基层（粒料类） | — | 150（100）～200 | — | 150（100）～200 | 150（100）～200 |
| 底基层（粒料类） | — | 150（100）～200 | — | 150（100）～200 | 150（100）～200 |

注：1. 根据需要可选择设置功能层。
　　2. 路基潮湿或受冰冻影响较大时，应设置功能层。
　　3. 当交通组成中无中型载重汽车和中型客车时，可选择括号内数值。

### 表 7.4.1-4　废旧路面再生类基层（粒料类底基层）路面厚度范围

| 路面类型 | 沥青表面处治路面（mm） | 块体路面（mm） | 砂石路面（mm） | 沥青路面（mm） | 水泥混凝土路面（mm） |
|---|---|---|---|---|---|
| 面层 | 10～40 | 100～240 | 100～200 | 15～160 | 180～250 |
| 基层（废旧路面再生类） | 60～160 | 60～160 | — | 60～160 | 60～160 |
| 底基层（粒料类） | 150（100）～200 | 150（100）～200 | — | 150（100）～200 | 150（100）～200 |

注：1. 根据需要可选择设置功能层。
　　2. 路基潮湿或受冰冻影响较大时，应设置功能层。
　　3. 当交通组成中无中型载重汽车和中型客车时，可选择括号内数值。

**表 7.4.1-5  废旧路面再生类基层（无机结合料稳定类底基层）路面厚度范围**

| 路面类型 | 沥青表面处治路面（mm） | 块体路面（mm） | 砂石路面（mm） | 沥青路面（mm） | 水泥混凝土路面（mm） |
| --- | --- | --- | --- | --- | --- |
| 面层 | 10~40 | 100~240 | 100~200 | 15~160 | 180~250 |
| 基层（废旧路面再生类） | 60~160 | 60~160 | — | 60~160 | 60~160 |
| 底基层（无机结合料稳定类） | 160~200 | 160~200 | — | 160~200 | 160~200 |

注：1. 根据需要可选择设置功能层。
2. 路基潮湿或受冰冻影响较大时，应设置功能层。

**条文说明**

在进行路面结构设计时，要优先选用当地有成熟、成功经验的典型路面结构组合；当无相关成功经验时，可以选用表7.4.1-1~表7.4.1-5给出的路面结构组合和厚度推荐值。路面结构设计要同时考虑表7.1.3和表7.4.1-1~表7.4.1-5的要求，确保设计出的路面结构经济耐久。但最终，地方要形成适合当地条件的典型路面结构。

对在基层上直接铺筑薄层罩面或沥青表面处治层的结构，只可以在条件受限时采用，且路面结构的整体使用寿命和面层的使用寿命要满足表7.1.3的要求。

**7.4.2** 路面结构组合宜选用面层+基层+底基层的结构组合，条件受限时，也可采用面层+基层或面层直接铺筑在路床上的结构组合。

**7.4.3** 当面层为沥青表面处治类或厚度小于4cm的薄层罩面时，基层不应采用粒料类材料。

# 8 排水

## 8.1 一般规定

**8.1.1** 排水设计应根据沿线水文、气象、地形、地质、路基状况、当地材料等具体情况，充分考虑排水设施的适用性，因地制宜，合理布局，注重与自然水系和农田水利设施结合，防止水土流失。

**条文说明**

必要的排水设施关系到公路的正常使用，可以有效减轻路基、路面病害，提高耐久性，防止水土流失。

**8.1.2** 排水设计应包括地表排水、地下排水等设计。

**8.1.3** 排水设计应注重各种排水设施之间的相互衔接，防、排结合，与桥梁、涵洞、过水路面等形成排水系统，并与路拱横坡、路线纵断面设计协调配合。

**8.1.4** 山区回头曲线、急弯、陡坡、反向曲线相接点等重点路段应加强排水设计。

**8.1.5** 特殊性岩土及不良地质路段应加强排水设计。

**条文说明**

特殊性岩土及不良地质路段设计合理的排水工程能够降低公路病害的发生，保护公路结构稳定。

**8.1.6** 排水设施设计应便于施工、检查和维修。排水设施材料宜就地取材，易于养护。

**8.1.7** 村镇路段的排水工程应与村镇现有或规划的排水系统相协调。

**条文说明**

未来村镇规划根据当地政策、经济等诸多因素会进行各种调整、优化，因此农村公路村镇路段设计要充分考虑这一特点，避免与村镇既有或规划排水系统冲突而导致排水系统服务性降低甚至重建等。

## 8.2 地表排水

**8.2.1** 一般填方路基可采用横向分散漫流方式排水。

**8.2.2** 挖方路基、低填浅挖路基及冲刷较大的高路基地表排水宜设置边沟、排水沟、截水沟、跌水及急流槽等设施。

**8.2.3** 设计降雨重现期应结合地形、地貌以及设施的重要性确定，并符合表 8.2.3 的规定。

表 8.2.3 地表排水设施设计降雨重现期

| 排水设施 | 设计降雨重现期（年） |
| --- | --- |
| 边沟、排水沟 | 3~5 |
| 截水沟 | 3~10 |
| 跌水及急流槽 | 3~10 |
| 排水管 | 3 |

注：地势平坦，植被良好地区取低值；反之，取高值。

**条文说明**

日本道路协会对县道以下排水设施设计降雨重现期规定为 3 年。我国台湾《公路排水设计规范》规定乡道浅沟及路边沟的设计降雨重现期为 2~5 年。法国《道路排水设计指南》中地表排水结构的设计降雨重现期为 5~10 年。考虑小交通量农村公路排水要求及地形、地貌情况不同，本条文给出了排水设施的设计降雨重现期。

**8.2.4** 边沟、排水沟设计应符合下列规定：

1 山区公路或年降水量大于或等于 250mm 的路段，挖方路基和低路堤应设置边沟；年降水量小于 250mm 或无集中排水要求的平原区路段可不设置边沟，局部冲刷严重路段宜设置边沟并根据需要加固。

2 边沟、排水沟断面形式、尺寸宜根据降雨强度、汇水面积、地形地质条件以及对路侧安全与路域环境的影响程度确定。可采用三角形、碟形、U形、L形、矩形、梯形以及暗埋式边沟等；条件允许时，宜采用浅碟形等宽浅形排水设施。

3 边沟、排水沟加固类型可根据当地气候、材料、沟底纵坡及冲刷强度等，按表 8.2.4 选择。

表 8.2.4 加固类型及适用条件

| 加 固 类 型 | 适 用 条 件 |
|---|---|
| 植草 | 三角形或碟形 |
| 砂砾、石渣、卵石、石块、砖块等 | 排水量大、水流速度较高的三角形或碟形 |
| 浆砌卵石、浆砌片石、现浇混凝土、混凝土预制块、石板等 | 所有断面 |

4 山区公路两侧设置边沟受限时，可采用单向路拱设置单侧边沟。

5 石质边沟可不加固，但应找平沟底，保证排水通畅。靠近路基侧沟壁宜采用水泥砂浆抹面等防冲刷措施。

6 边沟、排水沟出水口的间距不宜超过300m，最大不宜超过500m，三角形和碟形边沟出水口的间距不宜超过200m。受条件限制导致排水距离过大时，应设置必要的排水设施将水引流至路基之外或调整排水设施的截面尺寸。矩形和梯形边沟的底宽不应小于0.3m、深度不应小于0.4m。

**条文说明**

边沟、排水沟通过沟底纵坡排水，合理的截面尺寸、纵坡与长度一方面能保证排水流畅、避免积水甚至外溢，另一方面可以避免排水距离过大造成排水能量过大，对沟壁、路基造成冲击损害。

**8.2.5** 截水沟设计应符合下列规定：

1 流入路界的地表径流量大或坡体稳定性较差、有可能形成滑坡的路段，宜设置拦截地表径流的截水沟。

2 土质截水沟宜采用梯形，冲刷严重路段宜进行加固，特殊性岩土路段应做好防渗设计。

3 截水沟长度宜为200～500m，超过500m时，宜在中间适宜位置处增设泄水口，由急流槽分流排引。

**条文说明**

1 小交通量农村公路一般不设截水沟。地方根据养护经验，在汇水量大、边坡冲刷严重的局部路段设截水沟，既能降低造价，也能避免严重病害。

**8.2.6** 跌水、急流槽设计应符合下列规定：

1 边沟、排水沟水流通过坡度大于10%且水头高差大于1.0m的陡坡地段或特殊陡坎地段，宜设置跌水或急流槽。

2 当陡坡路段较长时，为减缓水流速度，宜采用多级跌水，长度、宽度可根据地形设置。

**条文说明**

跌水是在陡坡或深沟地段设置的沟底为阶梯形、水流呈瀑布跌落式通过的沟槽，有单级和多级之分。单级跌水适用于排水沟渠连接处；多级跌水的台阶高度由地形、地质等条件决定，台阶的各级高度可以不同，其高度与长度之比与排水纵坡相适应。

## 8.3 地下排水

**8.3.1** 地下水影响路基稳定或强度时，宜采取工程措施拦截、排引含水层地下水，降低地下水位，疏干坡体内的地下水。

**8.3.2** 当填方路基地下水位较高时，宜采取砂砾、卵石等材料换填，并抬高路基使路床处于干燥或中湿状态。

**8.3.3** 当挖方路基地下水位较高、路基高度受限时，宜在路基顶面铺设砂垫层，并加大、加深两侧的边沟，必要时可沿两侧边沟设置渗沟、盲沟等地下排水设施。

**8.3.4** 有地下水出露的挖方路基、斜坡路堤、路基填挖交界结合部等，宜采用渗沟、盲沟等地下排水设施。

## 8.4 村镇路段排水

**8.4.1** 村镇路段应设必要的排水设施，保证排水通畅。

**8.4.2** 村镇路段排水设施宜选择盖板边沟，有条件时可采用暗埋式边沟、排水管道等形式。

**8.4.3** 有排水管网收集系统的村镇，公路排水可接入村镇排水系统，雨水和污水应分开排放。为公路排水增建的排水管网收集系统应符合下列规定：

1 排水管管顶最小覆土深度应根据管材强度、外部荷载、冰冻深度和土质等条件，结合当地埋管经验确定。管顶最小覆土深度宜为人行道下0.6m、车行道下0.7m。
2 汇水点、人行横道上游及易积水段应设置雨水口。
3 雨水口的形式、数量和布置应按汇水面积产生的流量、雨水口的泄水能力确定。

**条文说明**

村镇路段排水设计要调查当地排水管网收集系统，确保接入管网的容量满足要求。

## 8.5 特殊地区及特殊路段排水

**8.5.1** 软土、冻土、膨胀土、黄土、盐渍土、滑坡等特殊地区（段），其排水设计应结合工程处治措施综合进行，并应符合现行《公路排水设计规范》（JTG/T D33）的相关规定。

**8.5.2** 水环境敏感区路段的排水应以保护水体为基本原则，结合工程具体条件，分别采取必要的排水设计和处理措施。

**条文说明**

水环境敏感区公路建设主要以保护当地水环境为主，要避免小交通量农村公路因等级、规模等条件限制而简化排水工程设计，导致排水不当污染当地水体。

# 9 桥涵

## 9.1 一般规定

**9.1.1** 桥涵设计应充分考虑地质、水文、通航、防洪等条件，合理确定桥涵规模、基础形式及埋置深度，加强桥涵结构及桥头引道路基的防护，提高抗冲刷、抗水毁能力。

**9.1.2** 桥涵设计的汽车荷载等级不应低于公路—Ⅱ级。

**9.1.3** 桥涵应进行地质勘察及水文调查、计算，勘探方法及工作量应根据现场地形地质条件、工程结构设置、相关规范的规定等综合确定。

**9.1.4** 跨越深沟、大河、通航河道、海域的桥梁，当主跨跨径大于50m或桥梁总长度不小于200m时，宜按现行《公路工程技术标准》（JTG B01）执行，并结合规划提高技术等级。

**条文说明**

跨深沟大河的桥梁、平原水网地带的航道桥、海岛连通工程中的跨海桥梁，一般采用较大的跨径及桥梁总长。当采用主跨大于50m的非标准跨径的桥型或当桥梁总长度不小于200m（2倍大桥标准）时，采用三级公路30km/h、40km/h的桥梁断面宽度与采用四级公路（Ⅰ类）相比，分别增加1m、2m，总造价相差并不大。但大跨径桥梁或长桥建设完成后的改造难度大，适当超前建设有利于农村公路升级改造。

## 9.2 桥涵总体设计

**9.2.1** 桥涵布置应符合下列规定：
1 桥位宜选择河道顺直、水流稳定、河床地质良好的河段，宜避开滑坡、岩溶、泥石流等不良地质。
2 当跨越宽浅河谷区、游荡河段时，桥梁跨径布设不宜压缩河床；根据流量计算可适当压缩河床时，应结合河道情况设置导流工程，并宜设置正交桥梁。

3 宜采用桥梁跨越多年冻土地区常流水的河沟，桥梁孔径及桥下净空除应满足正常泄洪要求外，还应适当加大跨径和桥下净空，并采取防漂浮物撞击措施。

4 当跨越泥石流高发区域时，宜修建单孔桥，跨径不宜过小；条件受限时，可采用过水路面。

5 涵洞设置应满足路基排水及泄洪要求，充分考虑农田水利设施并宜衔接周围灌溉系统。

6 交通容许有限度的中断时，可修建漫水桥和过水路面。

**条文说明**

4 跨越泥石流高发区域的单孔桥，考虑排水泄洪要求，尽量采取较大跨径桥梁。

**9.2.2** 桥涵上部结构选用应遵循因地制宜、就地取材、便于施工和养护的原则，并应符合下列规定：

1 当基础承载力较好时，可修建拱式桥涵；当地石材丰富且具备相应施工工艺时，可采用石拱桥涵。

2 不大于40m跨径的桥梁宜采用标准跨径、技术成熟的T梁、箱梁、板梁等装配式桥型。

3 中小桥宜采用简支桥面连续结构，大桥宜采用先简支后连续结构或连续结构。

**条文说明**

农村公路桥涵的选用重点在因地制宜、便于养护等原则，优先选择不需要大型机械设施、不需要特殊养护、结构简单的桥涵。

1 拱桥造型优美，是一种历史悠久的桥型。地基承载力较好时，结合美丽乡村建设和文化传承，可以修建拱式桥涵；石材丰富地区且有相应施工工匠传承时，可以采用石拱桥涵或钢筋混凝土拱式桥涵镶嵌片石面层。

**9.2.3** 桥涵下部结构与基础应根据水文、地质、地形和施工条件等情况，按下列要求合理选用：

1 宜选用构造简单的扩大基础实体墩台或桩柱式墩台等施工容易的下部结构。

2 双车道桥梁不宜选用横向单支座桥墩；单车道桥梁采用横向单支座桥墩时应进行抗倾覆验算。

**9.2.4** 常用的小半径曲线整体式梁桥应加强桥梁抗倾覆设计，并应采取下列措施：

1 应考虑梁体预偏心设置。

2 应避免采用连续两个以上的单支座独柱墩。

3 应适当加大横向双支座间距。

4 如条件允许，可将梁与其中一个桥墩进行固结。
5 应考虑扭矩对桥墩的影响。
6 应在墩顶设置防止梁体外移、倾覆的限位构造。

条文说明

小交通量农村公路桥梁设计速度较低、桥宽较窄、平曲线半径较小，常采用独柱式桥墩，设计荷载虽然无重载交通，但管理上并不能完全杜绝重载交通通行。桥梁上部采用连续箱梁等整体式结构时，仍需加强抗倾覆设计，提高安全性。

## 9.3 桥涵分类及孔径

**9.3.1** 桥涵分类应按现行《公路工程技术标准》（JTG B01）执行。

**9.3.2** 桥涵标准化跨径规定如下：0.5m、0.75m、1.0m、1.25m、1.50m、2.0m、2.5m、3.0m、4.0m、5.0m、6.0m、8.0m、10m、13m、16m、20m、25m、30m、35m、40m、50m。

## 9.4 人行道设计

**9.4.1** 村镇路段桥梁宜在两侧设置人行道。人行道净宽宜为1m；大于1m时，应按0.5m的级差增加。

**9.4.2** 人行道与行车道宜分离设置，可通过路缘石等分隔设施进行分离。路缘石高度可取用0.25~0.35m，并与桥面连接牢固。人行道外侧应设置护栏。

**9.4.3** 设置人行道的桥梁设计计算应计入人群荷载，并应符合下列规定：
1 人群荷载标准值应按表9.4.3采用。对跨径不等的连续结构，应以最大计算跨径为准。

表9.4.3 人群荷载标准值

| 计算跨径 $L_0$（m） | $L_0 \leqslant 50$ | $50 < L_0 < 150$ | $L_0 \geqslant 150$ |
|---|---|---|---|
| 人群荷载（kN/m²） | 3.0 | $3.25 - 0.005 L_0$ | 2.5 |

2 非机动车、行人密集的桥梁，人群荷载标准值应为表9.4.3标准值的1.15倍。

## 9.5 桥涵设计洪水频率

**9.5.1** 大、中桥设计洪水频率应采用1/50。

**9.5.2** 小桥设计洪水频率应采用1/25。

**9.5.3** 涵洞及小型排水构造物设计洪水频率应参考当地水文要素，结合村镇发展规划、排洪、泄洪等情况综合确定，不宜低于1/15。

**9.5.4** 对作为进村镇唯一通道、防灾抗洪主要通道的桥梁，在河床比降大、易于冲刷的情况下，宜提高一级洪水频率。大、中桥采用1/100，小桥采用1/50。

**条文说明**

对作为进村镇唯一通道的桥梁，为提高防灾救灾能力，有必要提高一级洪水频率设计，即大、中桥采用1/100，小桥采用1/50。

**9.5.5** 漫水桥和过水路面的设计洪水频率，应根据容许阻断交通的程度和时间长短，桥梁结构形式，水文情况，引道条件，对上、下游农田和村镇的影响等因素确定。

## 9.6 桥梁净空

**9.6.1** 桥面净空应符合本规范关于公路建筑限界的规定，并应符合下列规定：

1 不设置人行道的四级公路（Ⅰ类）桥梁，桥面净宽不应小于6.0m。
2 不设置人行道的四级公路（Ⅱ类）桥梁，桥面净宽不应小于4.5m，大、中桥桥面净宽可按不小于6m设计。
3 路、桥不同宽度间应顺适过渡，渐变率不应大于1/15，渐变段长度不应小于15m。
4 桥上设置的各种管线、交通安全设施等不得侵入桥涵净空限界；可设置在人行道板下面或护栏外侧。

**条文说明**

3 根据《道路交通标志和标线 第3部分：道路交通标线》（GB 5768.3—2009）第6.2节路面（车行道）宽度渐变段要求，渐变段长度不应小于$V^2 \times W/155$（m），其中$V$为设计速度（km/h），$W$为渐变宽度（m）；提出的渐变段最小长度要求见表9-1。采用设计速度为15km/h时，参照表9-1，渐变段最小长度定为15m。

**表9-1 渐变段最小长度**

| 设计速度 $V$（km/h） | 20 | 30 | 40 |
|---|---|---|---|
| 渐变段长度（m） | 20 | 25 | 30 |

**9.6.2** 桥下净空应符合下列规定：
1 对通航河流，桥下净空应符合通航标准的要求。
2 跨线桥桥下净空应符合被交叉的公路、铁路、其他道路等建筑限界的规定。
3 桥下净空应考虑排洪、流水、漂流物、冰塞以及河床冲淤等情况。

## 9.7 桥上线形与桥头引道

**9.7.1** 桥梁及其引道的平、纵、横面技术指标应与路线总体布设相协调，并应符合下列规定：
1 大、中桥上纵坡不宜大于4%，桥头引道纵坡不宜大于6%；小桥上纵坡应符合路线纵坡设计要求，但不应大于9%，并应对梁板采取纵向防滑措施。
2 对易结冰、积雪的桥梁，桥上纵坡宜适当降低。
3 位于村镇混合交通繁忙处的桥梁，桥上纵坡和桥头引道纵坡均不应大于3%。
4 桥头两端引道的线形应与桥梁的线形相匹配。

**9.7.2** 填土高度大于3m的桥头可设置搭板，搭板设置应符合现行《公路桥涵设计通用规范》（JTGD60）的相关要求。

**条文说明**

当桥头填土较高或存在软土地基等情况时，桥头不均匀沉降可能造成桥头跳车，设置搭板能提高通行安全性。

## 9.8 桥梁附属构造

**9.8.1** 桥梁伸缩装置设计应符合下列规定：
1 大、中桥应根据桥梁结构形式和联长选用模数式、梳齿板式伸缩装置。
2 小桥宜采用模数式伸缩装置，单跨小桥也可采用经验证可靠的无缝式伸缩装置。
3 联长较小的桥梁或桥梁端部边跨可单侧设置伸缩装置。

**9.8.2** 桥梁护栏与栏杆设计应符合下列规定：
1 桥梁应设置护栏，防护等级不应低于二（B）级；上跨公路、饮用水水源一级保护区、航道或铁路时，防护等级不应低于三（A）级。
2 有人行道的桥梁，栏杆和护栏可组合设置，应满足车辆防护和行人通行需求，高度不应小于1.1m。
3 护栏应做好端部处理或过渡设计。

**9.8.3** 桥梁支座设计应满足下列要求：

1 可根据结构要求选用普通板式橡胶支座、滑板式橡胶支座、盆式橡胶支座或球型支座。

2 橡胶支座应根据地区气温条件选用，-25~+60℃地区可选用氯丁橡胶支座；-40~+60℃地区可选用三元乙丙橡胶支座或天然橡胶支座。

3 先简支后连续等桥梁的纵桥向单个支承点上宜设置一排支座。

4 梁底、墩帽（盖梁）顶面应采取调平措施，使支座上、下传力面保持水平。

5 活动支座处应设置可靠的限位构造。

6 墩台构造应满足支座的检查、养护、更换要求，在墩台帽顶面与主梁梁底处预留支座更换所需的空间。

**9.8.4** 桥面铺装、防水和排水应符合下列规定：

1 桥面铺装设计应综合考虑桥梁类型、技术等级、交通荷载等级和气候条件等因素。

2 沥青混凝土桥面铺装层厚度不宜小于50mm。水泥混凝土桥面铺装面层的厚度不宜小于80mm。

3 桥面应有足够的横向和纵向排水坡度。桥面横向排水坡度宜与路面横坡一致，当设有人行道时，人行道应设置倾向行车道0.5%~1.5%的横坡。

4 泄水孔宜设置在桥面行车道边缘处，间距可依据设计径流量计算确定且最大不宜超过20m。在桥梁伸缩装置的上游方向应增设泄水孔，在桥面凹形竖曲线的最低点及其前后3~5m处应各设置一个泄水孔。

5 当桥梁纵坡坡度大于3%、单面坡桥梁长度小于或等于20m时，可不设置泄水孔，通过桥梁纵坡排水。

6 桥面排水系统应注意伸缩装置及其出水口等部位的设置，避免桥面积水沿桥梁构造物渗透、滴漏，侵蚀桥梁结构。

7 经过水环境敏感路段时，应采取相应的桥面水收集、处理措施。

**条文说明**

6 伸缩装置结构设计要避免桥面水下落至梁端、盖梁和墩台等结构上。伸缩装置两侧的现浇混凝土采取浇筑微膨胀混凝土、抗渗混凝土等防渗漏的措施，能避免雨水下渗，影响梁端、盖梁和墩台等桥梁结构。

## 9.9 涵洞

**9.9.1** 涵洞设计应符合下列规定：

1 涵洞宜根据当地材料采用经济适用、方便施工与养护的圆管涵、盖板涵、波纹钢管（板）涵、拱涵等结构形式。跨径不宜小于0.75m，灌溉渠跨径可采用0.5m。

2 涵洞应根据所处环境跨越条件，如基础状况、建筑高度及道路排水要求等，选择涵洞的孔径和孔数。

3 狭窄河谷泥石流多发区、流冰发育地段的涵洞应采用较大孔径，必要时应设置桥梁跨越。

4 涵洞进出口工程应完善，涵顶填土应满足最小厚度要求。

5 排水不畅路段，应通过增设涵洞等排水设施进行疏导。

**9.9.2** 涵洞选型宜符合表9.9.2的规定。

表9.9.2 涵洞选型

| 构造形式 | 适用跨径（m） | 适用性 |
|---|---|---|
| 钢筋混凝土管涵 | 0.5、0.75、1.0、1.25、1.5、2.0 | 有足够填土高度的小跨径暗涵 |
| 石盖板涵 | 0.5、0.75、1.0、1.25 | 石料丰富地区的小跨径明涵或暗涵 |
| 钢筋混凝土盖板涵 | 1.50、2.0、2.50、3.0、4.0、5.0 | 过水面积较大的明涵或暗涵 |
| 拱涵 | 1.5、2.0、2.5、3.0、4.0、5.0 | 跨越深沟或高路堤、地基承载力较好时选用，石料丰富地区可用石拱涵 |
| 钢筋混凝土箱涵 | 1.5、2.0、2.5、3.0、4.0、5.0、6.0 | 软弱地基、高地震烈度区及其他特殊条件地段 |
| 波纹钢管（板）涵 | 1.5、2.0、2.5、3.0、4.0、5.0、6.0、8.0 | 冻土、软弱地基等不良地质的暗涵以及地基承载力不易满足桥涵设计要求的高填方路段等特殊要求的暗涵，不宜用于陡坡涵 |
| 倒虹吸管涵 | 0.5、0.75、1.0、1.25、1.5 | 用于灌溉涵，宜采用钢筋混凝土管涵 |

**条文说明**

依据《公路涵洞设计规范》（JTG/T 3365-02—2020）中表3.2.2~表3.2.4和现行《公路桥涵设计通用规范》（JTG D60）的相关要求，涵洞跨径为小于5m。由于管涵及箱涵不论管径或跨径、孔数均被称为涵洞，因此，本条将常用的6m箱涵、6m和8m的波纹钢管（板）涵以及适用于小交通量农村公路的0.5m钢筋混凝土管涵、石盖板涵等列入相应的适用跨径中。

**9.9.3** 石拱涵设计应符合现行《公路涵洞设计规范》（JTG/T 3365-02）的相关要求，并应符合下列规定：

1 拱圈宜采用等截面圆弧拱，其矢跨比不宜小于1/4。

2 拱圈宜按无铰拱计算。计算拱圈内力时，可不考虑曲率、剪切变形、弹性压缩、温度作用效应。

3 拱圈与护拱应采用相同的石材和砂浆。

4 拱圈石受力面的砌缝应作辐射状，并垂直于拱圈轴线。拱圈和出入口拱上端墙应由拱脚向拱顶对称、均衡地进行砌筑。

5　拱圈与涵台连接部分的拱座砌筑时，其砌缝应与拱圈轴线垂直。

6　石材砌体应密实，砂浆应充填饱满，不得留有空隙，砌体应丁顺相间、相互咬码。

7　涵洞进出口洞身与八字墙洞口应分离设计。

8　涵身应在顺水流方向每隔4~6m设置沉降缝贯穿整个断面，缝宽2cm，缝内填塞沥青麻絮或其他不透水材料。

**条文说明**

本规范第9.2.2条鼓励有条件时修建石拱桥涵。《公路涵洞设计规范》（JTG/T 3365-02—2020）对拱涵提出了相应要求，但未对石拱涵做出针对性设计要求，本条对其进行了补充细化。

**9.9.4**　渡槽与倒虹吸涵设计应符合下列规定：

1　灌溉渠道与农村公路交叉，渠道底高程高于路基高程且高差大于公路净空时，应设置渡槽；渠道底高程不满足设置渡槽或无压力涵洞时，应设置倒虹吸涵。

2　渡槽应一跨跨越四级公路（Ⅰ类）、四级公路（Ⅱ类）的路基。

3　渡槽断面应根据渠道断面、过水量要求选用合适的断面形式及尺寸，断面形式可为槽形、梯形、U形及圆管形等。渡槽宜采用混凝土结构，圆管形断面可采用钢管。

4　倒虹吸涵设计应考虑水力设计、结构设计、地基处理、抗浮以及密封要求，涵身宜为钢筋混凝土管涵。

## 9.10　桥涵改扩建

**9.10.1**　改扩建项目应对利用段既有桥涵进行检测和评价，遵循安全、经济、可用尽用的原则合理利用。

**9.10.2**　桥涵拼接新建部分应满足现行《小交通量农村公路工程技术标准》（JTG 2111）的要求。

**9.10.3**　对直接利用或拼接加宽利用的既有桥涵，应进行检测评估并满足原设计荷载标准要求，其极限承载力应满足或采取加固措施后应满足现行《小交通量农村公路工程技术标准》（JTG 2111）的要求。对不满足荷载标准要求但使用状况良好，因经济、技术和其他因素暂不加固时，应限载通行，且不得直接拼接加宽利用。

**9.10.4**　桥梁加宽宜采用与既有桥梁相同或相近的结构形式和跨径。

**9.10.5** 对既有桥涵的调查应采用资料收集、现场调查、测量、试验检测等方法。资料收集宜包括建设期和运营期的设计、施工、养护、运营管理等相关资料。

**9.10.6** 对既有桥涵的检测应包括材质状况、变形变位情况、耐久性相关参数等，还应根据需要进行桥涵承载能力试验鉴定。

## 9.11 桥涵主体结构和可更换部件的设计使用年限

**9.11.1** 桥涵主体结构和可更换部件的设计使用年限应符合表 9.11.1 的规定。

表 9.11.1 桥涵主体结构和可更换部件的设计使用年限（年）

| 公路等级类型 | 主体结构 | | | 可更换部件 |
|---|---|---|---|---|
| | 大桥 | 中桥 | 小桥、涵洞 | 栏杆、伸缩装置、支座等 |
| 四级公路（Ⅰ类、Ⅱ类） | 100 | 50 | 30 | 15 |

注：表中大桥、中桥及小桥按单孔跨径分类确定。

## 9.12 漫水桥与过水路面

**9.12.1** 漫水桥与过水路面设计原则应符合下列规定：

1 设置漫水桥与过水路面的河流应为雨季分明、洪水历时短暂、常水位与洪水位高差较大的季节性河流。

2 过水路面可根据需要设置涵洞，形成混合式过水路面。漫水桥可与过水路面配合使用。

3 桥面或路面处最大水深大于 1.2m 时，不宜设置漫水桥与过水路面。

4 洪水期有较大漂浮物时，不应设置漫水桥。

5 应加强上下游和两侧构造防冲刷措施，上下游河道 100m 范围内应保持河道通畅。

**9.12.2** 平、纵、横面设计应符合下列要求：

1 漫水桥平面线形宜为直线，宜与河流正交。

2 漫水桥路线纵断面设计宜将漫水桥设于相对低凹段，该低凹段应有供泄洪等足够长度的平坡段，减少漫水深度和壅水高度。平坡段长度宜至少超出漫水桥桥台各 5m。接线过水路面的纵坡不宜大于 5%。

3 过水路面平、纵面指标可满足路线设计的要求。

4 漫水桥与过水路面应在顺水流方向设置不小于 2% 的单向横坡。

**条文说明**

1 漫水桥与过水路面一般要求要与洪水位流向垂直，斜的漫水桥会增加工程量和阻水面积。但也不强求正交，造成桥头线形标准过低，行车不便。

3 过水路面规模小，一般随路线设计要求，为提高行车安全，位于流水区域的涵洞顶纵坡尽量不要过陡。

**9.12.3** 漫水桥设计应充分考虑侧向水压及浮力影响，减少上部结构和桥墩的阻水面积。上部结构与墩台的连接应可靠，并应采取下列的必要措施：

1 上部结构断面应采用截面高度小的结构形式，侧面宜增设倒角。上部结构宜采用整体式现浇结构。

2 桥墩应采用薄壁型实体桥墩等阻水面积小的结构形式，实体桥墩端部宜采用圆端型或尖端型。

3 上、下部应采用锚栓等措施连接牢靠，必要时可采用连续刚构等墩梁固结结构。

4 应适当加大保护层厚度并设置防裂钢筋网片。

**9.12.4** 过水路面设计应符合下列规定：

1 根据需要设置的涵洞应顺水流方向埋设。

2 涵洞基础应牢固可靠，两端用一字墙或八字墙固定，宜采用混凝土基础及墙身；如当地石材丰富，也可采用浆砌片石等圬工材料。

3 涵洞进出水口应设置截水墙，出水口以及过水路面上、下游边坡铺砌和消力防冲的设施宜采用混凝土铺砌；如当地石材丰富，也可采用浆砌片石等圬工材料。

4 上游边坡不宜陡于1:1.5，下游边坡不宜陡于1:3。

**9.12.5** 漫水桥与过水路面应设警示桩和水位标尺。漫水桥设置护栏时应选用水阻较小的护栏形式。

# 10 隧道

## 10.1 一般规定

**10.1.1** 隧道设计应满足公路功能，遵循安全、耐久、经济、节能、环保的原则。

**10.1.2** 隧道设计应根据地形、地貌、地质、气象、环境等因素进行隧址比选。

**10.1.3** 隧道设计应针对隧道的特点和规模确定搜集调查资料的内容和范围，进行收集、调查、测绘、勘探和试验。调查资料应齐全、准确，满足设计要求。

**条文说明**

考虑农村公路建设的现状和条件，隧道勘察以地质调查、物探为主，在物探异常区、断层破碎带等特殊地段辅以必要的钻探验证，为隧道设计提供较为准确的勘察基础资料。

**10.1.4** 四级公路（Ⅰ类）、四级公路（Ⅱ类）中的长隧道应按现行《公路工程技术标准》（JTG B01）执行，并宜适当提高技术标准。

**条文说明**

据调研，农村公路中、短隧道占比超98%，其中短隧道超过92%。结合建设和运行的实际情况，农村公路隧道一般采用中、短隧道。中、短隧道平面线形在采用直线或大半径平曲线时能满足通视条件，且工程经济较为合理；需设置长隧道时优先采用绕行方案。

**10.1.5** 四级公路（Ⅰ类）隧道应采用双车道；四级公路（Ⅱ类）隧道宜采用双车道，条件受限时短隧道可采用单车道。

**10.1.6** 双车道隧道设计应符合现行《公路工程技术标准》（JTG B01）、《公路隧道设计规范 第一册 土建工程》（JTG 3370.1）关于四级公路隧道的相关规定。

**10.1.7** 当路基中心开挖深度大于30m时，宜进行路堑与隧道方案的经济、技术和环保论证，择优选定。

**10.1.8** 中、短隧道设计洪水位频率标准值应为1/25；当观测洪水位高于设计洪水位频率标准值时，应按观测洪水位设计。

**10.1.9** 隧道主体结构和可更换部件的设计使用年限应符合表10.1.9的规定。

表10.1.9 隧道设计使用年限（年）

| 主体结构 | 可更换部件 |
|---|---|
|  | 水沟、电缆沟槽、盖板等 |
| 50 | 30 |

**10.1.10** 地质条件较差时，隧道应进行动态设计，根据地质观察、预报和监控量测的成果及时调整支护参数。

**10.1.11** 有条件时，隧道可设置照明，并选择经济、合理的照明及供电方式。

## 10.2 单车道隧道总体设计

**10.2.1** 隧道位置应根据地形地质、周边环境、施工条件及改扩建需求等因素合理确定。

**条文说明**

隧道位置尽量选择在稳定的地层中，避免穿越工程地质和水文地质极为复杂以及严重不良地质地段，尽量避开民宅、水井、寺庙、养殖场等。

**10.2.2** 隧道线形设计应符合下列规定：
1 平面线形宜采用直线或大半径平曲线，保证隧道两端洞口的通视条件。
2 纵断面宜设置为单向坡。最小纵坡应不小于0.3%；最大纵坡宜控制在3%以内，条件受限时可采用4%，短于100m的隧道可不受此限制。

**条文说明**

1 隧道平面采用曲线时需进行视距检查，尽量避免为满足通视条件而进行隧道局部加宽。

**10.2.3** 隧道横断面设计应符合本规范第3.5节规定，并满足下列要求：

1 应考虑人行、车行需求，合理确定隧道横断面。隧道建筑限界内不得有任何部件侵入，隧道建筑限界如图10.2.3所示。

2 隧道建筑限界净宽应符合表10.2.3的规定，建筑限界高度 $H$ 应不小于4.50m。

3 可根据需要设置人行道，人行道高度、宽度设置应符合图10.2.3、表10.2.3的规定。

4 隧道内轮廓与建筑限界间距不宜小于0.05m。隧道标准内轮廓见本规范附录D。

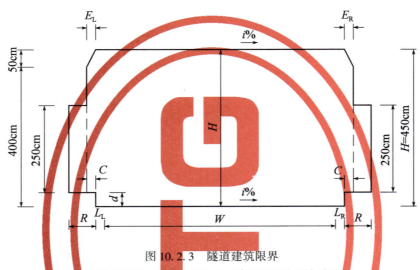

图10.2.3 隧道建筑限界

$E_L$-建筑限界左顶角宽度；$E_R$-建筑限界右顶角宽度

注：村镇段隧道人行道台阶高度 $d$ 不宜小于0.2m且不宜大于0.4m；其他段隧道人行道可与路面齐平。

表10.2.3 单车道隧道建筑限界横断面组成及净宽

| 公路等级 | 设计速度 (km/h) | 行车道宽度 $W$ (m) | 侧向宽度 $L$ (m) | | 余宽 $C$ (m) | 人行道宽度 $R$ (m) | | 隧道净宽 (m) | |
|---|---|---|---|---|---|---|---|---|---|
| | | | 左侧 $L_L$ | 右侧 $L_R$ | | 单侧 | 双侧 | 不设人行道 | 设人行道 |
| 四级公路（Ⅱ类） | 15 | 3.5×1 | 0.25 | 0.25 | 0.25 | 1.25 | 0.75 | 4.50 | 5.50 |

注：人行道宽度 $R$ 包括余宽 $C$。

**10.2.4** 隧道错车道设计应符合下列规定：

1 隧道两端洞口应设置错车道，洞口错车道应根据地形条件设置，其路基宽度不应小于6.5m，有效长度不宜小于15m。

2 长度大于250m的单车道短隧道，宜在隧道中部设置1处错车道，洞内错车道宜优先布置于平曲线内侧。错车道单侧加宽宽度应不小于2.5m，且错车道与侧向宽度之和不应小于3.0m。错车道有效长度应不小于15m，渐变段长度不宜小于10m。

**条文说明**

1 洞口错车道根据洞口地形、地质条件，灵活选择设置在某一侧。

## 10.3 单车道隧道洞口及洞门设计

**10.3.1** 隧道洞口应设置洞门，洞口及洞门设计应与周边自然环境相协调。

**10.3.2** 洞口位置应根据地形地质、洞外相关工程及施工条件，结合环境保护、养护需求等确定，不宜大挖大刷。

**10.3.3** 应根据地形地质条件合理选择洞门形式，隧道常用洞门形式有端墙式洞门、翼墙式洞门、削竹式洞门等。

**10.3.4** 应结合洞口地形、洞口防护和路基排水合理设置排水系统。

**10.3.5** 洞门结构应能防止洞口边仰坡的碎落物、滚石、坍塌物等掉落路面。

**10.3.6** 洞口及洞门设计宜便于检查和维护。

## 10.4 单车道隧道衬砌结构设计

**10.4.1** 隧道衬砌应符合下列规定：

1 隧道可根据围岩级别、施工条件选择采用喷锚衬砌、单层混凝土衬砌、复合式衬砌。Ⅰ～Ⅱ级围岩段可不设置衬砌，但应清除松动石块、危岩。

2 隧道洞口段10m范围内、Ⅳ～Ⅵ级围岩洞身段宜采用复合式衬砌，也可采用单层混凝土衬砌；Ⅲ级围岩洞身段可采用喷锚衬砌。宜参照表10.4.1-1～表10.4.1-3合理选择隧道支护参数。

3 采用喷锚衬砌时，宜为二次衬砌预留空间。

4 隧道衬砌可采用直墙拱形断面或曲墙拱形断面，设置人行道时宜采用直墙拱形断面。

5 隧道开挖断面应考虑围岩及初期支护的变形，并预留适当的变形量。预留变形量的大小可根据围岩级别、断面大小、埋置深度、施工工法和支护情况等采用工程类比法预测，并根据现场监控量测结果进行调整。预留变形量宜为3~8cm。

10.4.1-1 单车道隧道喷锚衬砌支护参数表

| 衬砌部位 | 围岩等级 | | | |
|---|---|---|---|---|
| | Ⅰ级 | Ⅱ级 | Ⅲ级 | Ⅳ级 |
| 单车道隧道主洞 | — | — | 喷射混凝土厚6~10cm,锚杆L=200~250cm,拱部设置钢筋网 | 喷射混凝土厚10~20cm,锚杆L=250~300cm,设置钢筋网 |
| 单车道隧道错车道 | 喷射混凝土厚5~8cm | 喷射混凝土厚8~12cm,拱部锚杆L=200~250cm,局部设置钢筋网 | 喷射混凝土厚10~15cm,锚杆L=250~300cm,设置钢筋网 | — |

10.4.1-2 单车道隧道单层混凝土衬砌支护参数表

| 衬砌部位 | 围岩等级 | | |
|---|---|---|---|
| | Ⅳ级 | Ⅴ级一般段 | Ⅴ级地质较差段、浅埋偏压段 |
| 单车道隧道主洞 | — | 混凝土衬砌,厚30~40cm | 钢筋混凝土衬砌,厚40~50cm |
| 单车道隧道错车道 | 钢筋混凝土衬砌,厚40~50cm | — | — |

10.4.1-3 单车道隧道复合式衬砌支护参数表

| 衬砌部位 | | 围岩等级 | | |
|---|---|---|---|---|
| | | Ⅳ级 | Ⅳ级浅埋、偏压 | Ⅴ级 |
| 单车道隧道主洞 | 初期支护 | — | — | 喷射混凝土厚8~15cm,锚杆L=250~300cm,设置钢筋网 |
| | 二次衬砌 | | | 35cm~45cm厚混凝土 |
| 单车道隧道错车道 | 初期支护 | 喷射混凝土厚8~15cm,锚杆L=250~300cm,设置钢筋网 | 喷射混凝土厚10~20cm,锚杆L=250~300cm,设置钢筋网 | 喷射混凝土厚10~20cm,锚杆L=300~400cm,设置钢筋网、钢拱架 |
| | 二次衬砌 | 30~40cm厚混凝土 | 35~45cm厚混凝土 | 40~50cm厚钢筋混凝土 |

## 10.5 单车道隧道防排水设计

**10.5.1** 隧道防排水应符合下列规定:

1 隧道防排水设计应遵循"防、排、截、堵相结合,因地制宜,综合治理"的原则,保证隧道结构物和运营设备的正常使用和行车安全。应妥善处理地表水、地下水,保证洞内外防排水系统完整畅通。

**2** 隧道防排水设计应满足下列要求：

1）拱部不滴水，边墙不淌水，设备箱洞不渗水。

2）路面不积水、不淌水。

3）有冻害地段的隧道衬砌背后不积水、排水沟不冻结。

**3** 当隧道内渗漏水引起地表水减少，影响居民生产、生活用水时，应对围岩采取堵水措施。

**10.5.2** 隧道防水应满足下列要求：

**1** 地表水易渗入隧道时，宜采取防治措施。废弃的坑穴、钻孔等应填实封闭。

**2** 隧道采用复合式衬砌时，应在初期支护与二次衬砌之间设置防水层，防水层宜采用防水板与无纺布的组合。防水板宜采用易于焊接的防水卷材，厚度不应小于1.0mm，接缝搭接长度不应小于100mm；无纺布密度不应小于300g/m²，无纺布不宜与防水板黏合使用。

**3** 隧道模筑混凝土衬砌应满足抗渗要求，混凝土的抗渗等级不宜小于P8。

**4** 隧道模筑混凝土衬砌施工缝、沉降缝应采取可靠的防水措施。

**5** 围岩渗水、涌水较大的地段，可采取向围岩内注浆堵水措施。

**10.5.3** 隧道排水应满足下列要求：

**1** 隧道涌水量较小的隧道，可仅在路面两侧设置路侧边沟进行排水。边沟排水坡度宜与隧道纵坡一致；边沟沟底低于路面结构层底不宜小于50mm；应采取措施防止电缆沟积水。

**2** 隧道排水量较大时宜选用中心水沟。中心水沟可设在隧道中央，断面尺寸应根据隧道长度、纵坡、地下水涌水量确定。

**3** 寒冷地区隧道的排水设施应采取防冻措施。

**10.5.4** 隧道洞口及明洞防排水应满足下列要求：

**1** 隧道洞口及明洞边坡、仰坡开挖线3~5m以外的位置应根据实际情况和需要设置截水沟。

**2** 隧道洞口出洞方向的路堑为上坡时，可在洞口外路基两侧设置反向排水边沟或采取引排措施，洞外水不应流入隧道。

**3** 明洞防排水设计应符合下列规定：

1）明洞衬砌外缘应敷设无纺布与防水板组合式防水层；明洞与暗洞连接处防水层接头应密封搭接。

2）回填土顶面宜铺设黏土隔水层，并与边仰坡夯实连接，黏土隔水层以上宜设厚度不小于0.2m的耕植土；明洞回填顶面应根据情况设排水沟。

3）明洞式洞门的明洞拱背裸露时，应在拱背设防水砂浆层；靠山侧边墙底或边墙后宜设置纵向和竖向盲沟，将水引至边墙泄水孔排出。

## 10.6 单车道隧道路基与路面设计

**10.6.1** 隧道路基设计应符合下列规定：
1 隧道路基应为稳定、密实、匀质路基。
2 设仰拱的隧道，仰拱填充层可为路基层；不设仰拱的隧道，路基应为稳定的石质地基。

**10.6.2** 隧道路面设计应符合下列规定：
1 应根据隧道结构和地质条件确定隧道路面结构。隧道路面应具有足够的强度以及平整、耐久、抗滑、耐磨等性能。
2 不设仰拱的隧道路面应设置基层和面层，可根据需要增设整平层；设仰拱的隧道可只设基层和面层。
3 隧道路面宜采用水泥混凝土面层。当洞内外路面结构不一致时，应在洞口外设置路面过渡段。水泥混凝土面层厚度宜为 200～220mm，弯拉强度宜为 4.0～4.5MPa。
4 不设仰拱的隧道路面基层应置于坚实的地基上；基层宜采用素混凝土，厚度宜为 150～200mm，弯拉强度不应低于 1.8MPa；增设整平层时，整平层平均厚度不宜小于 150mm。

## 10.7 单车道隧道改扩建

**10.7.1** 隧道改扩建设计应结合路线总体设计、隧道接线条件、工程地质、既有隧道现状、交通组织、建设条件等进行经济技术比较，充分利用既有隧道，合理确定改扩建形式和技术标准。条件允许时可增建隧道。

**10.7.2** 既有隧道扩建时，隧道线位应与既有隧道保持一致，扩建隧道净空宜利用既有隧道净空。隧道路面设计高程宜与既有隧道保持一致。既有隧道扩建宜采用单侧扩挖方式。

**10.7.3** 隧道改扩建宜采用双车道隧道标准；受技术和经济条件限制时，可采用原有技术标准。既有隧道土建结构在能保证通行能力和运营安全的前提下，宜利用，不宜改变既有结构和衬砌背后的排水系统。

**10.7.4** 隧道改扩建应做好交通组织方案设计，并制定相应的安全措施。

## 11 路线交叉

### 11.1 一般规定

**11.1.1** 四级公路（Ⅰ类）、四级公路（Ⅱ类）与公路相交时，应根据相交公路的功能、技术等级，以及区域路网的现状和规划，结合交叉区域的地形、地貌条件，选择合理的交叉方式。

**11.1.2** 与二级、三级、四级公路相交宜采用平面交叉。地形条件有利时，可采用立体交叉。

**11.1.3** 与一级公路相交宜采用立体交叉。当一级公路上有设置平面交叉口的条件时，可采用平面交叉。与一级公路T形相交且一级公路上无设置平面交叉口的条件时，可采用右进右出接入口。

**条文说明**

　　四级公路（Ⅰ类）、四级公路（Ⅱ类）与一级公路相交时，优先采用立体交叉。当交叉节点附近一级公路上平面交叉口间距较大、增设平面交叉口后一级公路上的间距仍满足规范要求时，可以采用平面交叉。当四级公路（Ⅰ类）、四级公路（Ⅱ类）与一级公路T形相交且交叉节点附近一级公路上平面交叉口间距较小、增设平面交叉口后一级公路上的间距不能满足规范要求时，可以采用右进右出接入口完成交叉点右转弯方向的交通转换，左转弯方向的交通转换可以利用一级公路相交点前后的平面交叉口完成。

**11.1.4** 被交道上平面交叉口设置间距应满足现行《公路路线设计规范》（JTG D20）的要求。

**11.1.5** 与高速公路相交应采用分离式立体交叉。

**11.1.6** 有条件时，四级公路（Ⅰ类）、四级公路（Ⅱ类）宜与乡村道路等适当归并后，再与其他等级公路交叉。

**11.1.7** 四级公路（Ⅰ类）、四级公路（Ⅱ类）与铁路、管线交叉时，应执行现行《公路工程技术标准》（JTG B01）及相关规范关于四级公路与铁路、管线交叉的规定。

## 11.2 平面交叉

**11.2.1** 平面交叉设计应符合下列规定：
  1 平面交叉位置的选择应综合考虑公路网现状和规划、地形、地物和地质条件、经济与环境因素等，宜选择在地形平坦、视野开阔处。
  2 平面交叉选型应根据相交公路的功能、技术等级、交通量、交通管理方式、用地条件和工程造价等因素确定，选用主路畅通、冲突点少、冲突区小且分散的形式。
  3 四级公路（Ⅰ类）、四级公路（Ⅱ类）非村镇路段平面交叉口最小间距不宜小于150m。
  4 平面交叉口按几何形状可分为十字形、X形、T形、Y形、多叉形、错位形及环形交叉口。可根据路网结构、地形条件等，参考表11.2.1选择。

表11.2.1 平面交叉形式

| 序号 | 交叉形式 | 图示 | 适用条件 | 备注 |
|---|---|---|---|---|
| 1 | 十字形 | 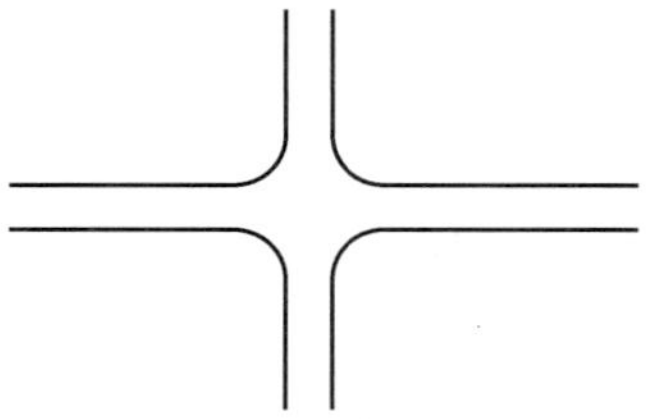  | 两条公路十字正交 | 宜采用 |
| 2 | X形 | 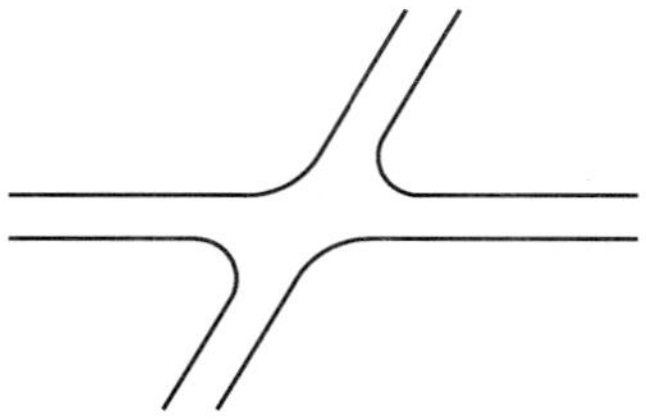  | 两条公路十字斜交 | 宜采用 |
| 3 | T形 | 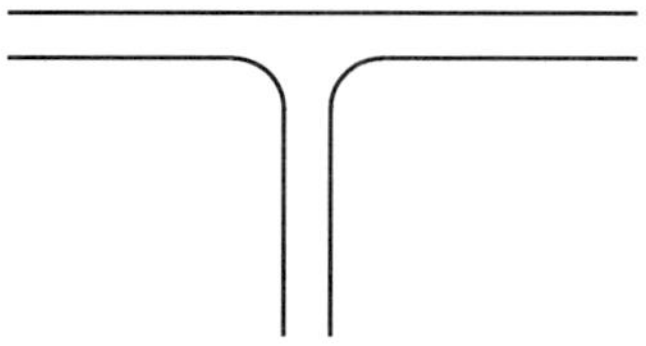  | 两条公路丁字正交 | 宜采用 |
| 4 | Y形 | 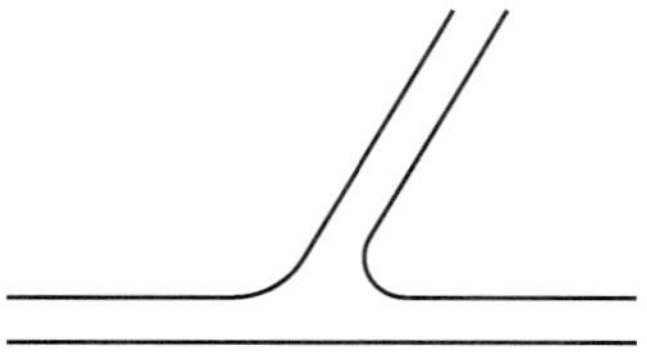  | 两条公路丁字斜交 | 宜采用 |

续表11.2.1

| 序号 | 交叉形式 | 图示 | 适用条件 | 备注 |
|---|---|---|---|---|
| 5 | 多叉形 | | 多岔公路相交 | 不宜采用 |
| 6 | 错位形 | | 三条公路错位丁字相交 | 可采用 |
| 7 | 环形 | | 用于村镇或村镇附近 | 可采用 |

5 平面交叉口与隧道进口的间距不宜小于15m，与隧道出口的间距不宜小于25m。受地形条件限制不能满足要求时，应加强交通安全设施设计。

6 四级公路（Ⅰ类）、四级公路（Ⅱ类）平面交叉根据相交公路的功能、技术等级、交通量等可分别采用主路优先交叉和无优先交叉两种不同的交通管理方式，并应符合下列规定：

1) 与三级及三级以上等级的公路相交，宜采用主路优先交叉交通管理方式。

2) 与四级公路、四级公路（Ⅰ类）、四级公路（Ⅱ类）相交，宜采用无优先交叉交通管理方式。

7 无铺装的乡村道路与水泥混凝土路面或沥青路面公路平面相交时，距被交路边线5~10m范围内宜铺装相应路面。

8 平面交叉范围内的路面排水应畅通，路面上不应有积水。应保持路基排水连续，必要时可设置涵洞。

**条文说明**

3 平面交叉的间距综合考虑公路网的结构和车辆通行条件，满足交织长度、视距、转弯车道长度等的最小距离要求，保证车辆通过交叉时不受前面交叉处等待的最大候车列队的干扰。

根据《城市道路路线设计规范》（CJJ 193—2012）第9.2.3条规定，结合小交通量农村公路特点及现场调研成果，规定四级公路（Ⅰ类）、四级公路（Ⅱ类）平面交叉口最小间距不宜小于150m。

考虑到村镇路段平面交叉口需根据公路及巷道等分布灵活设置，故只对非村镇路段的平面交叉口间距进行规定。

4 常用的交叉口形式包括十字形、X形、T形及Y形。一般限制使用错位形，尽量避免采用多叉形。环形交叉口一般设置在村镇路段。

**11.2.2** 平面交叉岔数和交叉角应符合下列规定：

1 平面交叉的岔数不宜多于四条，新建公路不宜直接与已建的四岔或四岔以上的平面交叉相连接。

2 平面交叉的交角宜为直角并避免多岔和畸形交叉。当斜交时，其锐角不宜小于70°；当受地形条件或其他特殊情况限制时，不宜小于45°。

3 当交叉角度小于45°时，可将交叉的次要公路改线，使交角满足要求。无法改线时，应加强交通安全设施设计。

**条文说明**

2 《小交通量农村公路工程技术标准》（JTG 2111—2019）第10.0.6条规定：平面交叉宜正交，需要斜交时，交叉角宜大于45°。本规范给出交叉角度的一般值70°及极限值45°，以便设计者合理选取。

3 位于平原微丘区等地形条件较好的平面交叉口，当交叉角度小于45°时，可以将交叉的次要公路改线，使交角不小于45°。

T形交叉中次要公路改线（图11-1）时，引道曲线与交叉中转弯曲线间保留长度不小于20m的直线。次要公路引道曲线半径一般不小于45m。

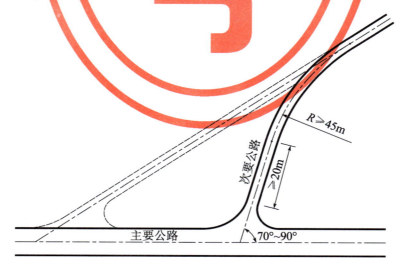

图11-1 T形交叉的改线图示

斜交十字交叉中，次要公路改线参考图11-2的要求。交点不变时［图11-2a)］，次要公路的每一岔中需增设两个曲线。其中，离交叉点较远的曲线半径不小于该公路的一般最小半径,并按要求设置缓和曲线;靠近交叉的曲线半径不小于45m,并在远离交叉一端设置缓和曲线。改移交点时[图11-2b)],只在次要公路的一岔上设置S曲线,半径的要求同上。

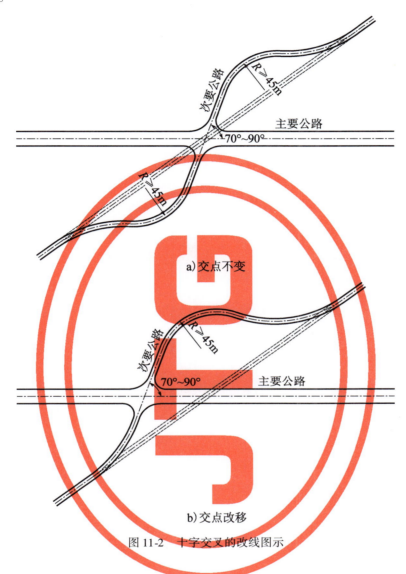

图11-2 十字交叉的改线图示

**11.2.3** 平面交叉范围路线平、纵面技术指标应符合下列规定:

1 交叉口范围内的路线平面宜采用直线。当采用曲线时,其曲线半径不宜小于不设超高的最小圆曲线半径。受地形条件或其他特殊情况限制时,平曲线半径不应小于表11.2.3的规定值。

表11.2.3 平面交叉范围内公路圆曲线最小半径

| 直行公路设计速度 (km/h) | | 80 | 60 | 40 | 30 | 20 | 15 |
|---|---|---|---|---|---|---|---|
| 圆曲线最小半径 (m) | 一般值 | 1 050 | 670 | 320 | 160 | 80 | 50 |
| | 极限值 | 660 | 400 | 170 | 80 | 50 | 25 |

2 交叉口范围内主要公路的纵坡不应大于3%。当主要公路为四级公路（Ⅰ类）、四级公路（Ⅱ类）时，纵坡不宜大于3%，困难路段不宜大于6%。

3 交叉口范围内次要公路纵断面设计如图11.2.3所示，可设置顺接主要公路横坡长度不小于10m的直坡段，坡度应不大于3%，之后再接竖曲线。竖曲线最小半径不应小于75m，长度不宜小于15m。

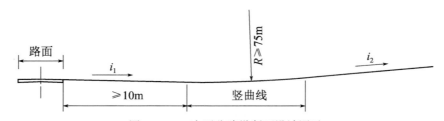

图11.2.3 次要公路纵断面设计图示
$i_1$-主要公路路面横坡坡度；$i_2$-次要公路纵坡坡度

**条文说明**

1 表11.2.3圆曲线最小半径确定依据为：一般值按超高不大于2%取值，极限值按超高不大于3%取值。30～80km/h圆曲线半径取值与《公路立体交叉设计细则》（JTG/T D21—2014）表11.3.2一致，20km/h圆曲线半径取值参考《公路路线设计规范》（JTG D20—2017）条文说明表7-1选取，15km/h圆曲线半径取值根据计算确定。

2～3 《小交通量农村公路工程技术标准》（JTG 2111—2019）第10.0.7条第2款规定："交叉口范围内的四级公路（Ⅰ类）、四级公路（Ⅱ类）纵坡不宜大于3%，困难路段不宜大于6%。"本规范细化为主要道路的纵断面要求及次要道路的纵断面要求。

**11.2.4** 平面交叉口视距应符合下列规定：

1 在每条岔路的转弯车道上都应提供与行驶速度相适应的引道视距，如图11.2.4-1所示。

图10.2.4-1 引道视距
注：引道视距在数值上等于停车视距。

2 两相交公路间，由各自停车视距所组成的三角区内不得存在任何有碍通视的物体，如图 11.2.4-2 所示。

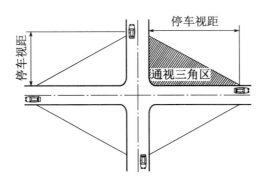

图 11.2.4-2 通视三角区

3 条件受限制不能保证由停车视距构成通视三角区时，应保证主要公路的安全交叉停车视距和次要公路至主要公路边车道中心线 5~7m 组成通视三角区，如图 11.2.4-3 所示。安全交叉停车视距值应符合表 11.2.4 的规定。

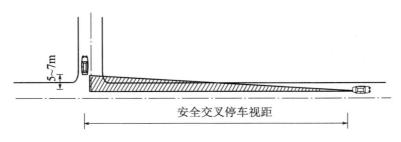

图 11.2.4-3 安全交叉停车视距通视三角区

表 11.2.4 安全交叉停车视距

| 设计速度（km/h） | 100 | 80 | 60 | 40 | 30 | 20 | 15 |
| --- | --- | --- | --- | --- | --- | --- | --- |
| 停车视距（m） | 160 | 110 | 75 | 40 | 30 | 20 | 15 |
| 安全交叉停车视距（m） | 250 | 175 | 115 | 70 | 55 | 35 | 25 |

4 视距不能满足前 3 款规定时，应按本规范第 12.2.13 条规定设置必要的交通标志。

5 停车让行控制的平面交叉口，应让行驶在次要公路上的驾驶员在距离交叉点 20m 的位置识别交叉类型和交叉范围内主要设计要素布局。

**11.2.5** 平面交叉宜采用加铺转角式交叉，路面内缘的最小半径不应小于 5m。平原微丘区右转弯速度可采用 10km/h，路面内缘的最小半径可参考表 11.2.5 选取。

表 11.2.5 路面内缘的最小半径

| 交叉角（°） | 45 | 60 | 80 | 90 | 100 | 120 | 135 |
| --- | --- | --- | --- | --- | --- | --- | --- |
| 转角半径（m） | 7 | 8 | 9 | 12 | 15 | 20 | 27 |

**条文说明**

加铺转角式交叉是用适当半径的圆曲线平顺连接各个转角构成的平面交叉。本规范给出了加铺转角式交叉路面内缘的最小半径建议值。

**11.2.6** 环形交叉口设计应符合下列规定：

1　四级公路（Ⅰ类）、四级公路（Ⅱ类）相互交叉以及与四级公路相交，可采用环形交叉口。采用环形交叉时，岔路不宜多于五条。坡向交叉口的道路，纵坡大于或等于3%时，不宜采用环形平面交叉。

2　中心岛宜采用圆形实体岛，半径宜不小于5m，并满足转弯要求。

3　中心岛绿化不应影响行车视线，保证环道上绕行车辆的行车视距要求。

4　环道横断面宜设计成外倾的单向坡，一般设置一条车道并应按规定进行加宽。环道纵坡不宜大于2%。

5　环形交叉口应设置配套的交通安全设施。

**条文说明**

1　环形交叉口具有明显的减速功能，可以设置在地形平坦的村镇路段，特别是在进入村镇前。环岛内一般种植植物、花草等，有利于改善公路环境。

## 11.3　立体交叉

**11.3.1**　立体交叉设计应符合下列规定：

1　立体交叉的设置应根据公路网规划、相交公路的功能、技术等级、交通量、地形和地质条件，经济与环境因素等综合确定。

2　四级公路（Ⅰ类）、四级公路（Ⅱ类）与一级至四级公路相交采用立体交叉时，宜采用分离式立交。当地形条件允许时，可设置简易互通式立体交叉。

3　主要公路的平、纵面线形应保持直捷、顺适。两相交公路不得因设置立体交叉而使平、纵面线形过于弯曲、起伏。

4　两相交公路宜正交或接近正交，且交叉附近平面线形宜为直线或不设超高的大半径曲线。

5　应合理选择立体交叉上跨或下穿交叉方式。

6　采用立体交叉时，应充分利用现有通道和桥梁进行穿越。

7　新建工程通道净空应符合本规范第3.5节的规定。改建工程利用既有构造物下穿公路、铁路等工程，净空不符合要求时，应设置限高、限宽设施及绕行指路标志。

8　下穿通道应做好排水设计，并符合下列规定：

1）新建通道宜采用自流排水方式。

2）改建工程利用既有通道时，如既有通道为下挖通道且雨季有积水可能时，应增加排水设施。

**条文说明**

5 立体交叉设计综合考虑下列因素，合理选择立体交叉上跨或下穿交叉方式：

（1）两相交公路的平面线形和纵坡设计合理组合，使整个工程的造价最低、占地拆迁数量最少。

（2）不良工程地质条件下，主要公路下穿次要公路。

（3）排水问题难以解决时，主要公路上跨次要公路。

（4）交叉附近需与现有公路设置平面交叉或为路旁用户提供出入口的公路下穿。

（5）技术等级高、交通量大的公路下穿。

（6）与已街道化的公路相交时，新建公路上跨。

（7）结合地形、已建工程现状或发展规划，与周围景观相协调。

8 改建工程利用既有通道，如既有通道为下挖通道且雨季有积水可能时，一般增设排水沟将积水引入附近雨水排水系统。如无排水系统可供利用，可以设置渗水坑，将积水引入渗水坑中。

**11.3.2** 四级公路（Ⅰ类）、四级公路（Ⅱ类）与一级至四级公路相交采用分离式立体交叉时，应执行现行《公路工程技术标准》（JTG B01）及相关规范关于四级公路与一级至四级公路交叉的规定。

**11.3.3** 简易互通式立体交叉设计应符合下列规定：

1 当被交道上有设置平面交叉口条件时，可采用如图11.3.3-1所示的单匝道简易互通式立体交叉，即设置一条连接匝道连接四级公路（Ⅰ类）、四级公路（Ⅱ类）与被交道，相接时均应按照平面交叉口进行设计。

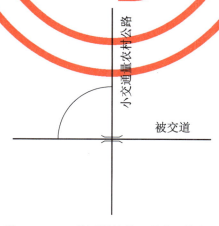

图 11.3.3-1 单匝道简易互通式立体交叉

2 当被交道上无设置平面交叉口条件时，可采用如图11.3.3-2所示的双匝道简易互通式立体交叉，即在被交道两侧各设置一条连接匝道。连接匝道与农村公路相接时设置平面交叉口，与被交道相接时采用右进右出接入口。

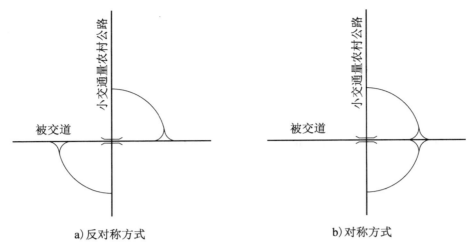

图 11.3.3-2　双匝道简易互通式立体交叉

3　连接匝道设计速度宜采用 15km/h，平面技术指标应按本规范四级公路（Ⅰ类）选取。

4　连接匝道纵断面技术指标应按本规范四级公路（Ⅰ类）选取，但纵坡不宜大于 6%，最大不应大于 8%。

5　四级公路（Ⅰ类）连接立交匝道宜采用路基宽度为 6.5m 的双车道断面；四级公路（Ⅱ类）连接匝道宜采用路基宽度为 4.5m 单车道断面。

**条文说明**

1~2　当四级公路（Ⅰ类）、四级公路（Ⅱ类）与被交道相交且位于不同的高程上时，采用立体交叉既可以使两相交公路均采用较高的纵断面指标，又可以保持各自直行交通的顺畅。如果采用分离式立交，两相交公路将无法进行交通转换。如果有交通转换需求且高差不大，可以设置连接匝道将两条公路进行连接，在四级公路（Ⅰ类）、四级公路（Ⅱ类）上设置平面交叉口。在相交公路上，需根据既有平面交叉口现状及规范关于平面交叉口间距的规定，设置为平面交叉口或接入口。与二级及二级以下公路相交时，一般设置为平面交叉口，采用单匝道简易互通式立交；与一级公路相交时，一般设置为接入口，采用双匝道简易互通式立交。

# 12 交通安全设施

## 12.1 一般规定

**12.1.1** 交通安全设施包括交通标志、交通标线（含突起路标）、护栏、视线诱导设施和其他交通安全设施（含限高限宽设施、积雪标杆、凸面镜、减速丘、减速垄等）。

**12.1.2** 交通安全设施设计应依据小交通量农村公路技术等级类型、交通组成，结合当地的自然条件、建设成本、道路风险等级等因素，在交通安全综合分析的基础上，优先设置主动引导设施，根据需要设置被动防护设施。

**12.1.3** 各类交通安全设施应按需设置、互为补充，合理控制工程规模。

**12.1.4** 应根据需要设置速度控制设施。

**条文说明**

《小交通量农村公路工程技术标准》（JTG 2111—2019）第2.0.3条规定，速度控制设施包括限速标志、建议速度标志、块体路面、减速标线、路面限速标记或减速垄（丘）等。速度控制设施常用于村镇路段、学校路段，长下坡前、连续弯道前后等路段及通客运班车的小交通量农村公路，以加强行车安全保障。

**12.1.5** 交通标志、护栏、视线诱导设施等不得侵入建筑限界。

## 12.2 交通标志

**12.2.1** 交通标志设置应总体布局、突出重点，并符合下列规定：
1 交通标志设置应综合考虑公路技术等级类型、交通条件、环境条件和公路使用者及交通管理需求，并充分考虑公路的建设目的、条件、服务对象等因素。
2 交通标志设置位置不应影响公路视距和妨碍交通安全，不应过近、相互遮挡，不应被上跨道路结构、绿化等其他设施遮挡。
3 交通标志所提供的信息应全部和交通安全、服务和管理需求有关，交通标志版面及支撑结构不应附带商业广告和其他无关的信息。

4 交通标志的颜色、图案和形状应满足现行《道路交通标志和标线》（GB 5768）的要求。

5 急弯、连续弯道、陡坡、村镇、学校、隧道等路段应根据需求设置相应的交通标志。

6 对同一条公路，同类交通标志的设计原则、设置规模、外形风格应保持一致。

7 交通标志应与交通标线等设施配合使用，不得相互矛盾或产生歧义。

**12.2.2** 交通标志结构形式及标志材料应符合下列规定：

1 交通标志结构形式宜采用单柱式，可采用悬臂式、附着式。柱式标志内边缘距路肩宜大于或等于25cm。柱式标志下缘距离路面高度宜为180~250cm。

2 交通标志宜因地制宜地采用适用、经济、轻型、环保的材料和结构，适当兼顾美观性。标志立柱可采用非金属材料或再生材料。交通标志板可采用铝合金、合成树脂类板材、玻璃钢、木板等材料。

3 在满足视认性时，交通标志可利用山体岩石、木板、砖砌体、混凝土等结构。

4 交通标志版面应粘贴Ⅱ类及以上的反光膜材料。

5 所有交通标志材料应具有足够的强度、耐久性和抗腐蚀能力。

**条文说明**

1 单柱式标志适用于小交通量农村公路，一般设置在挖方段或者边坡斜率缓于1:1的填方段边坡上，如行车方向右侧无法设置，在不影响标志视认性的前提下可以在行车方向左侧合适位置设置。在版面较大时，也可设置多柱标志。《道路交通标志和标线 第2部分：道路交通标志》（GB 5768.2—2009）要求柱式标志下缘距离路面高度一般为150~250cm，设置在有行人和非机动车通行需求路侧时，设置高度一般要高于180cm。小交通量农村公路行人和非机动车通行需求较高，对净空要求提升至180cm，如图12-1所示。

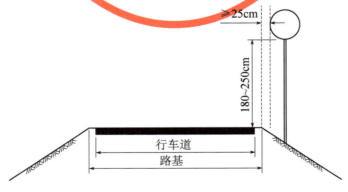

图12-1 标志和路基的位置关系

2 小交通量农村公路的标志结构可以灵活使用钢管、玻璃钢管、预制混凝土立柱等。

3 当路侧有合适结构时,将其作为标志结构的支撑结构可以降低标志造价,并能减少路侧构造物。若结构物具有满足视认性且平整的表面,标志反光膜直接粘贴或安装在表面上时可以不需要设置标志底板。

**12.2.3** 交通标志版面应能简洁、清晰地传递信息,其中汉字字高宜采用25cm,数字宜和汉字等高,字母高度宜采用汉字字高的1/2。

**12.2.4** 标志版面尺寸应符合下列规定:

1 一般情况下,警告标志边长宜为70cm,圆形禁令标志直径宜为60cm,三角形禁令标志边长宜为70cm,八角形禁令标志外径宜为60cm。

2 设置空间受限时,可采用如图12.2.4所示的标志最小尺寸。

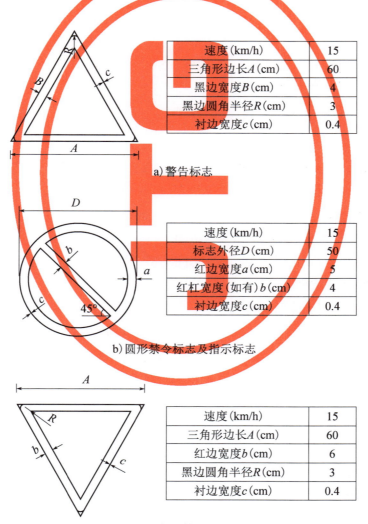

| 速度(km/h) | 15 |
|---|---|
| 三角形边长$A$(cm) | 60 |
| 黑边宽度$B$(cm) | 4 |
| 黑边圆角半径$R$(cm) | 3 |
| 衬边宽度$c$(cm) | 0.4 |

a) 警告标志

| 速度(km/h) | 15 |
|---|---|
| 标志外径$D$(cm) | 50 |
| 红边宽度$a$(cm) | 5 |
| 红杠宽度(如有)$b$(cm) | 4 |
| 衬边宽度$c$(cm) | 0.4 |

b) 圆形禁令标志及指示标志

| 速度(km/h) | 15 |
|---|---|
| 三角形边长$A$(cm) | 60 |
| 红边宽度$b$(cm) | 6 |
| 黑边圆角半径$R$(cm) | 3 |
| 衬边宽度$c$(cm) | 0.4 |

c) 三角形禁令标志

图 12.2.4

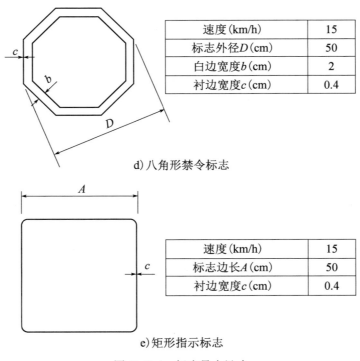

d) 八角形禁令标志

e) 矩形指示标志

图 12.2.4 标志最小尺寸

**12.2.5** 急弯路标志、反向弯路标志和连续弯路标志应符合下列规定：

1 单个平曲线半径不足 20m 且不能满足 15m 停车视距的急弯路段宜设置急弯路标志，设置位置为曲线起点外，但不应进入相邻的曲线段。

2 当两个相邻反向平曲线半径均不足 20m 或其中一个半径小于 20m，且圆曲线半径之间距离小于或等于 40m 时，宜设置反向弯路标志，设置位置为两反向圆曲线起点外，但不应进入相邻的圆曲线内。

3 当有连续三个或三个以上的反向平曲线，其平曲线半径均小于或有两个弯道平曲线半径小于 20m，且各圆曲线间的距离均小于或等于 40m 时，宜设置连续弯路标志，设置位置为连续弯路起点外。当连续弯道长度超过 500m 时，宜重复设置连续弯路标志，或在标志下增加说明连续弯道长度的说明文字。

4 急弯路标志、反向弯路标志和连续弯路标志均可和限制速度、建议速度、说明文字标志合并使用。

**12.2.6** 陡坡标志和连续下坡标志应符合下列规定：

1 纵坡大于 10% 时，在纵坡坡脚、坡顶前适当位置宜设置上陡坡、下陡坡标志。海拔 5 000m 以上的高原地区，上坡坡度应折减 1%。

2 当存在连续两个及两个以上陡坡段且连续下坡时，坡顶前适当位置可设置连续下坡标志。

3 陡坡标志和连续下坡标志可附着说明坡度和坡长，或将坡度值标在警告标志图形上。

**条文说明**

1 对设计速度为20km/h的四级公路,一般情况下7%的纵坡需要设置陡坡标志。设计速度为15km/h的四级公路（Ⅰ类）、四级公路（Ⅱ类）较四级公路最大纵坡增加了3%,考虑到四级公路（Ⅰ类）、四级公路（Ⅱ类）纵坡较多,在纵坡大于10%时设置陡坡标志是合适的,能用于提醒驾驶员前方存在上下陡坡的路段。

**12.2.7** 在紧靠村镇且视线不良的路段前适当位置宜设置村庄标志。村庄标志可和限制速度、建议速度、村镇名标志合并使用。

**12.2.8** 注意儿童标志应符合下列规定：
1 在小学、幼儿园或其他儿童经常出入路段前后合适位置宜设置注意儿童标志。
2 标志尺寸宜在本规范第12.2.4条的基础上放大。
3 宜采用Ⅳ类及以上的反光膜。
4 警告标志底色宜采用荧光黄绿色。
5 注意儿童标志可和限制速度标志合并使用。

**12.2.9** 在行人密集或不易被驾驶员发现的人行横道前适当位置可设置注意行人标志,标志底色可用黄色或荧光黄绿。

**12.2.10** 隧道两侧应设置隧道开灯标志,其中单车道隧道两侧应设置会车让行标志,如图12.2.10所示。

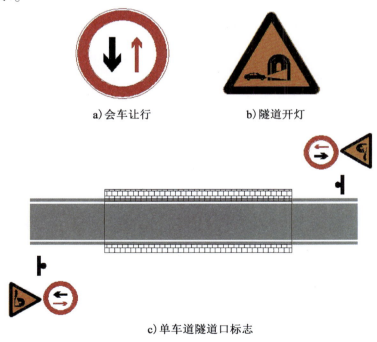

a) 会车让行　　　b) 隧道开灯

c) 单车道隧道口标志

图12.2.10　隧道标志

**条文说明**

单车道隧道可以观测到对面来车，当洞内已有车辆时，对面洞外的车辆需要在洞外等候，等对向车辆通行后再进入隧道。在《道路交通标志和标线 第2部分：道路交通标志》（GB 5768.2—2009）中，会车让行标志一般和会车先行标志配套使用，但在小交通量农村公路单车道隧道两侧，都需要驾驶员先观察再通过，因此两侧均使用会车让行标志。

**12.2.11** 公路起止点宜设置限速标志或建议速度标志，标志间距大于5km时，可重复设置或选择合适路面位置设置路面文字标记和路面图形标记。

**12.2.12** 公路起止点可根据需要设置限制高度标志、限制宽度标志、限制质量标志、禁止部分车型驶入标志等。

**12.2.13** 停车让行标志应符合下列规定：
1 对四级公路（Ⅰ类）、四级公路（Ⅱ类）与三级及三级以上公路的非灯控平面交叉口，应在四级公路（Ⅰ类）、四级公路（Ⅱ类）上设置停车让行标志。对条件受限确实不能满足视距的平面交叉口，应在三级及三级以上公路上设置平面交叉口警告标志。
2 四级公路、四级公路（Ⅰ类）、四级公路（Ⅱ类）相互交叉，且条件受限确实不能满足视距的平面交叉口，宜在各方向设置停车让行标志。
3 当路面具备设置标线条件时，应设置配套的停车让行标线。

**条文说明**

结合《道路交通标志和标线 第2部分：道路交通标志》（GB 5768.2—2009）附录E的说明，停车让行标志表示车辆需要停车瞭望确认安全后方可通行。当支路为四级公路（Ⅰ类）、四级公路（Ⅱ类），主路为三级及三级以上公路相交且不设置信号灯时，路权分配原则为主路优先通行。而四级公路、四级公路（Ⅰ类）、四级公路（Ⅱ类）互相平交，路权平等且设置停车让行可以改善交叉口运行安全状况时，则多路同时设置。

**12.2.14** 对四级公路（Ⅰ类）、四级公路（Ⅱ类）上的小型环岛，应在各支路上设置环岛标志。

**12.2.15** 漫水桥和过水路面前应设置漫水桥（过水路面）标志。

**12.2.16** 落石危险的傍山路段、傍山险路路段、堤坝路路段前宜设置相应警告标志。

**条文说明**

前方公路路侧存在陡峭悬崖、深沟、高边坡、高挡墙、水库、湖泊、河流等险要路段时，根据路侧是否设置安全防护设施的情况来确定是否设置傍山险路路段或堤坝路警告标志。

**12.2.17** 当车道数减少时，可设置窄路标志。

**条文说明**

当车道数量减少时，如四级公路（Ⅰ类）渐变成四级公路（Ⅱ类），提前设置相应的警告标志提示驾驶员。

## 12.3 交通标线

**12.3.1** 交通标线包括各类路面标线、导向箭头、文字标记、立面标记和突起路标等，其分类、定义及颜色等应符合现行《道路交通标志和标线 第3部分：道路交通标线》（GB 5768.3）的有关规定。

**12.3.2** 交通标线应能正确引导交通，确保车辆有序行驶。沥青路面和水泥混凝土路面应根据需求设置标线，标线含义不得和标志相互矛盾。

**12.3.3** 对向车行道分界线的设置应符合下列规定：
1 路面宽度不足6m的路段不应施划对向车行道分界线。
2 四级公路（Ⅰ类）应施划对向车行道分界线，标准段车道宽度应为3m，加宽段车道宽度宜按加宽方案确定。
3 对向车行道分界线线宽宜为10cm，对向车行道分界线宜设置在相邻对向车行道的几何分界线上。如该位置为水泥混凝土路面的接缝，对向车行道分界线可偏向接缝一侧，偏移宽度不宜大于对向车行道分界线的宽度。
4 可跨越对向车行道分界线应为单黄虚线，分隔对向行驶交通流，间隔长分别为400cm和600cm。
5 不能满足会车视距要求的急弯陡坡路段，穿越隧道、大桥、村镇路段，平面交叉驶入段等路段，均应施划禁止跨越对向车行道分界线。禁止跨越对向车行道分界线应为黄色，宜采用单黄实线，也可根据需求采用黄色虚实线。

**12.3.4** 车行道边缘线的设置应符合下列规定：
1 隧道、窄桥、路面宽度发生变化的路段、采用本规范极限最小半径的平曲线路段、村镇及学校路段、行车道外有骑行道或步道路段、接近路侧障碍物等路段，应提示使用者行车道边缘，上述路段及上下游30m内应施划车行道边缘线。

2 其余路段可施划车行道边缘线，车道宽度按路基标准横断面确定。

3 车行道边缘线应为白色实线，线宽宜为10cm。

4 在出入口、交叉口及停靠站点等允许车辆跨越边缘线的地方，可设置车行道边缘白色虚线，线段间隔长分别为200cm和400cm。

**条文说明**

《公路交通标志和标线设置规范》（JTG D82—2009）要求车行道边缘线设置在硬路肩内，但四级公路（Ⅰ类）和四级公路（Ⅱ类）没有硬路肩。考虑四级公路（Ⅰ类）和四级公路（Ⅱ类）设计速度较低，且车行道边缘线线宽采用了最小值10cm，当在路肩没有条件设置车行道边缘线时，车行道边缘线设置在行车道内，一般设置在路面边缘，此时车道的宽度包括车行道边缘线。

**12.3.5** 客运汽车停靠站等配套服务设施应设置相应的标线，如图12.3.5所示。

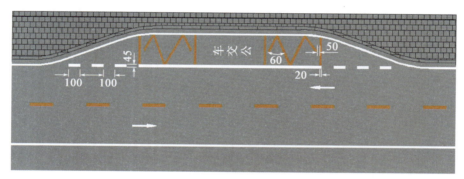

图12.3.5 客运汽车停靠站标线（尺寸单位：cm）

**12.3.6** 跨线桥墩柱立面、隧道洞口侧墙端面、限高限宽设施及其他障碍物立面上宜设置立面标记。立面标记为黄黑相间的倾斜线条，线宽均为15cm，设置时应把向下倾斜的一边朝向车行道，宜施划至距路面2.5m以上的高度，如图12.3.6所示。

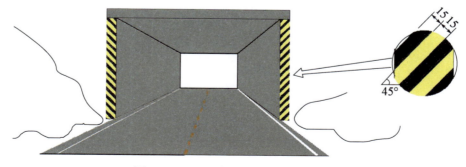

图12.3.6 立面标记（尺寸单位：cm）

**12.3.7** 隧道出入口路段交通标线的设计应与交通标志、护栏、视线诱导等设施统筹考虑，综合设置。

**12.3.8** 人行横道线应符合下列规定：

1 学校、村镇等路段可根据需求施划人行横道线。

2 人行横道线的设置间距宜根据实际需要确定，路段上设置的人行横道线之间的距离宜大于150m。

3 在无信号灯控制的路段中设置人行横道线时，宜在到达人行横道线前的路面上设置停止线和人行横道线，并配合设置人行横道指示标志，视需要也可增设人行横道警告标志，如图12.3.8a）所示。

4 人行横道线不宜设置在视距受限制的路段、急弯、陡坡等危险路段和车行道宽度渐变路段。

5 人行横道可结合大型减速丘一并设置，如图12.3.8b）所示。

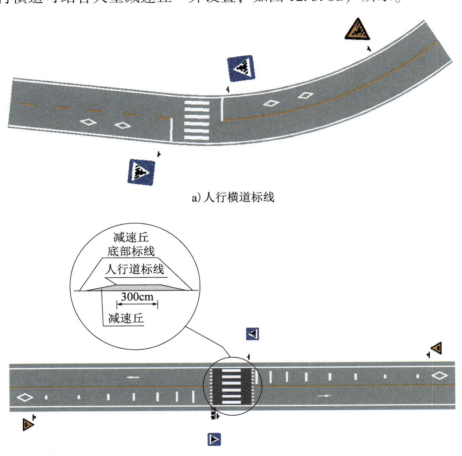

a) 人行横道标线

b) 人行横道和减速丘合并设置标线

图12.3.8 人行横道线

**12.3.9** 需要车辆减速或提醒驾驶员注意安全行车处，可设置纵向或横向减速标线。减速标线应注意标线的排水和防滑。横向减速标线可用振动标线。

**12.3.10** 路面文字标记和路面图形标记应符合下列规定：

1 路面文字标记和路面图形标记宜设置在视距良好的沥青路面上坡路段，不宜设置在积雪冰冻地区、下坡路段和视距不良路段。

2 路面文字标记的字高宜为300cm、字宽宜为100cm、间距宜为200cm，文字不宜超过四个。

3 禁令标志以路面图形标记的方式设置在路面上时，图形为长短轴之比为2.5∶1的椭圆，短轴与行车方向垂直，尺寸为100~120cm；长轴与行车方向平行，尺寸为250~300cm。

4 警告标志以路面图形标记的方式设置在路面上时，图形为纵向拉伸的等腰三角形，底边与行车方向垂直，尺寸为115~140cm；纵向与行车方向平行，尺寸为250~300cm。

5 条件受限时，路面文字标记和路面图形标记可取上述尺寸的0.7倍。

6 路面文字标记和路面图形标记均应采用抗滑的标线材料。

**12.3.11** 交通标线宜采用热熔标线，可采用其他具有良好的耐久性、抗滑性、施工方便性和经济性的材料，在白天和晚上均应具有良好的可视性。在正常使用年限内，交通标线的逆反射系数应满足夜间视认性要求。

**12.3.12** 突起路标的设置应符合下列规定：

1 隧道内车行道边缘线外应设置路侧反光突起路标。

2 小半径平曲线、公路变窄、有路面障碍物等路段可设置突起路标。

3 突起路标可单独设置为车行道边缘线和车行道分界线。当使用连续设置的突起路标替代标线时，设置间距不宜大于1m。

**条文说明**

突起路标是固定于路面上起标线作用的突起标记块，用来标记对向车行道分界线、车行道边缘线、弯道、道路变窄、路面障碍物等。突起路标与标线配合使用时，选用主动发光型或定向反光型，颜色与标线颜色一致，布设间隔为6~15m，一般设置在标线的空当中。与边缘线和中心单实线配合使用时，突起路标设置在标线的一侧。

突起路标单独用作车行道分界线时，其布设间距为1m或适当加密。突起路标颜色与替代的标线颜色一致，表面要具有足够的摩擦系数。

**12.3.13** 冰雪地区的水泥混凝土路面可采用嵌入式标线，避免标线在除雪中损坏。

**条文说明**

根据东北地区标线设置的经验，在混凝土路面刻3mm左右深、与标线等宽的槽，将标线嵌入路面，既能降低除雪时对标线的损害，又提升了标线和水泥混凝土路面的结合能力。

## 12.4 护栏

**12.4.1** 护栏设置应根据路段的平纵线形、主要风险因素、路侧危险程度、交通事故情况、行车速度和交通组成等因素确定，并合理选择设施的防护形式及防护等级。

**12.4.2** 选取护栏形式时，除考虑护栏的防护性能外，还应考虑护栏的建设成本、投入使用后的养护成本，包括常规养护、事故养护、材料储备的成本和养护的便捷性等。宜结合路面养护方式采用经济适用的护栏形式。

**条文说明**

对景观有特殊要求的公路可选择外观自然、与周围环境相融合、通透性好的护栏形式，但不得降低护栏防护等级。设置波形梁护栏时，利用高速公路、一级公路、二级公路等公路上养护更换后的波形梁护栏构件，能降低建设成本、实现资源充分利用，但其防腐情况和基底厚度要满足设计值。

**12.4.3** 桥梁段应设置护栏，防护等级不应低于二（B）级。

**12.4.4** 路基护栏单独设置时，应同时满足防护需求和结构要求。护栏结构要求最小长度应满足表12.4.4的要求，也可根据护栏产品使用说明书确定。

表 12.4.4 护栏结构要求最小长度

| 公 路 等 级 | 护 栏 类 型 | 最小长度（m） |
| --- | --- | --- |
| 四级公路（Ⅰ类）<br>四级公路（Ⅱ类） | 波形梁护栏 | 28 |
| | 混凝土护栏 | 12 |
| | 缆索护栏 | 120 |

**条文说明**

护栏发挥整体作用的最小结构长度包括标准段及端头或端部锚固。最小结构长度也可以根据护栏产品设计开发方提供的经实车碰撞试验评定的最小结构长度（满足评价标准）决定。多种护栏形式组合设置时，整体长度要满足不同护栏结构要求最小长度中的较大值。

**12.4.5** 行车道外侧3m内有下列情况时，应设置护栏。护栏防护等级不应低于一

（C）级：

1 深度30m以上的悬崖、深谷、深沟等的路段；
2 江、河、湖、海、沼泽等水深1.5m以上的水域；
3 小半径曲线外侧3m内或填方段坡底有居民房屋的路段。

**条文说明**

本条依据《公路交通安全设施设计规范》（JTG D81—2017），并增加"小半径曲线外侧3m内或填方段坡底有居民房屋的路段"这一情况的要求。

**12.4.6** 行车道外侧3m内有下列情况时，宜设置护栏。护栏防护等级不应低于一（C）级：

1 边坡坡度陡于1:1，且填方大于4m的路段；
2 急弯、连续急弯或连续下坡路段小半径曲线外侧，且填方大于4m的路段。

**条文说明**

本条依据《公路交通安全设施设计规范》（JTG D81—2017），并增加"急弯、连续急弯或连续下坡路段小半径曲线外侧，且填方大于4m的路段"这一情况的要求。

**12.4.7** 对桥梁上跨公路、水源保护区、航道或者铁路，路基段路侧有高速公路、铁路、高压电塔、危化品仓库等其他重要构造物，护栏防护等级应进行提升。

**12.4.8** 达不到护栏设置要求但存在一定危险因素的路段，可根据需要设置示警桩、示警墩等视线诱导设施，也可在路外植树、堆土或设置砌块等。

**条文说明**

只有设置护栏后较车辆驶出路外造成的事故后果更轻，才考虑设置护栏。路侧有一定危险因素可以通过设置其他设施来解决。调研中，部分省份在路侧采用植树、堆土或者设置砌块改造路侧环境，也起到了一定的诱导和阻挡作用，但这类设施一般需设置在行车道3m以外。

**12.4.9** 路侧护栏设置位置应符合下列规定：

1 护栏不得侵入建筑限界，宜设置在路肩上，可设置在缓于或等于1:6的边坡上。边坡陡于1:4且路肩宽度不足时，应在路基设计和施工时对路肩进行加宽。
2 特殊情况下，路侧护栏也可设置于坡度在1:4~1:6的边坡上。护栏距离路面的高度不变，护栏迎撞面距离变坡点的距离最大不得超过0.75m，且应保证护栏结构外侧的土压力。护栏迎撞面前的边坡应平整，没有突起部分。

**条文说明**

路侧护栏要设置在建筑限界以外。本条依据《公路交通安全设施设计规范》(JTG D81—2017)，尤其对路肩较窄的四级公路（Ⅰ类）和四级公路（Ⅱ类），可以做在满足要求的边坡上。对边坡不满足设计要求且宽度不足的，在路基设计和施工时就要对路肩进行加宽，或者使用更合适的护栏类型。后期对路肩的补宽很难满足设计要求。

四级公路（Ⅰ类）路肩宽度采用最小值0.25m时，需加宽路基至满足护栏设置需求或将护栏设置于缓边坡上，使护栏距离车行道0.25m。四级公路（Ⅱ类）路肩宽度采用最小值0.5m时，有0.25m的路肩在建筑限界外，也要根据要求对路肩进行设计，将护栏设置在建筑限界外且满足护栏结构需求。护栏和路基的关系见图12-2、图12-3。

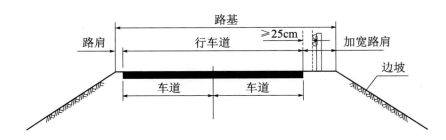

图12-2　四级公路（Ⅰ类）路侧护栏和行车道位置关系图

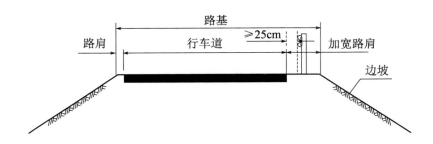

图12-3　四级公路（Ⅱ类）路侧护栏和行车道位置关系图

**12.4.10**　护栏的过渡段和端头应符合下列规定：

1　上游端头宜外展至路肩宽度范围外，位于填挖交界时，宜外展并埋入挖方路段不构成障碍物的土体内；无法外展时可采用地锚式端头，并设置立面标记。

2　下游端头宜参照上游端头处理。

3　不同防护等级或不同形式的护栏之间连接时，应进行过渡段设计，护栏过渡段的防护等级应不低于所连接护栏中较低的防护等级。

## 12.5 视线诱导设施

**12.5.1** 常用的视线诱导设施包括轮廓标、隧道轮廓带、线形诱导标、示警桩、示警墩、道口标柱等，并符合下列规定：

1 视线诱导设施的反射体，在正常的入射角、观察角条件下，应保持恒定的、充足的亮度，并应满足大、小型车在近光和远光灯照射下的识别和确认要求。

2 视线诱导设施的支撑结构应支撑反射体，且应降低对误驶撞上的车辆和人员的伤害。

3 在设置多种视线诱导设施的路段，应协调不同视线诱导设施之间的距离和高度，宜保证视线上的一致性和连续性。

**12.5.2** 轮廓标的设置应符合下列规定：

1 夜间通行需求较高或视距不良路段、车道数或车道宽度有变化的路段、急弯路段及连续急弯陡坡等路段，宜设置轮廓标。

2 轮廓标应设置在公路的路肩上或附着在路侧护栏上。

3 轮廓标形式可根据公路是否设置护栏以及所设护栏的形式，选用柱式或附着式轮廓标。轮廓标可分别附着于波形梁护栏、混凝土护栏、隧道侧壁和缆索护栏上，其他未设置护栏但需设置轮廓标的路段可设置柱式轮廓标，柱式轮廓标可采用柔性材料。设置示警桩、示警墩的路段可不设置轮廓标。

4 轮廓标宜在公路左、右侧对称设置，直线段的轮廓标可按30~50m间距设置，视距不良路段可加密设置。如需要在小半径段通过轮廓标标识道路走向，间距宜为4m。

5 轮廓标双面反光，且两侧反光片应为白色。轮廓标反射体应面向交通流，其表面法线应与公路中心线成0~25°的角度。

6 隧道侧壁应设置双向轮廓标，如设有检修道，宜在检修道上增设一层双向轮廓标。隧道可视需要设置隧道轮廓带，隧道轮廓带的逆反射性能应与轮廓标的逆反射性能保持一致，并应避免产生炫光。

7 在设置轮廓标的基础上，可辅助设置其他形式的轮廓显示设施，如在护栏立柱上粘贴反光膜等。在线形条件复杂的路段，应设置反光性能高、反射体尺寸较大的轮廓标。

**12.5.3** 线形诱导标的设置应符合下列规定：

1 视线不良的弯道路段，需要指出公路轮廓时，宜在平曲线外侧设置线形诱导标。设置间距宜为10m，最大不应超过15m，并应保证驾驶员在曲线范围内连续看到不少于三块诱导标。

2 线形诱导标尺寸可采用220mm×400mm，线形诱导标下缘至路面的高度宜为180~200cm。版面应垂直于驾驶员的视线。

3 路侧可并设两个方向的线形诱导标。

4 设置线形诱导标后，可不再设置公路平面线形警告标志。

**12.5.4** 示警桩和示警墩的设置应符合下列规定：

1 示警桩或示警墩不得作为防护设施使用。

2 对达不到护栏设置标准但存在一定危险因素的路段，可设置示警桩或示警墩，示警桩或示警墩宜设置在路肩上。

3 示警桩、示警墩的颜色应为黄黑相间，安装应线形顺畅。

4 示警桩可采用非金属材料或再生材料，并涂以黄黑相间的反光漆或缠绕黄黑相间的Ⅲ类及以上反光膜。

5 示警墩可采用浆砌块石、片石或混凝土预制、现浇，也可就地取材堆砌后覆钢丝笼并以混凝土封固。示警墩上应涂黄黑相间的反光漆。

**12.5.5** 道口标柱的设置应符合下列规定：

1 道口标柱宜设置在四级公路（Ⅰ类）、四级公路（Ⅱ类）与机耕道等的平面交叉口两侧。

2 已设置指路标志、警告标志的平面交叉口可不设置道口标柱，通视三角区内无障碍物的路口可不设置道口标柱。

3 道口标柱宜采用非金属材料或再生材料，可采用钢管，宜涂以红白相间的反光漆或缠绕红白相间的Ⅲ类及以上反光膜。

**条文说明**

参考《公路安全生命防护工程实施技术指南》，道口标柱为红白相间。道口标柱设在公路沿线较小平面交叉口两侧，沿主线方向。支路宽度小于5m的平面交叉口两侧设置一根，支路宽度大于5m的平面交叉口两侧各设置两根，已经设置指路标志或平面交叉警告标志的平面交叉口不再设置道口标柱。

## 12.6 其他交通安全设施

**12.6.1** 块体路面可作为速度控制设施，宜设置在驾驶员比较易于观察到、距离需要减速的路段前30～80m的位置。块体路面宜全幅设置，并做好排水。下列路段可设置块体路面：

1 进入村镇前的路段、学校前的路段；

2 急弯、陡坡、连续弯道前；

3 平面交叉口前及平面交叉口范围内。

**12.6.2** 减速垄（丘）可用于四级公路（Ⅰ类）、四级公路（Ⅱ类）进入城镇、村庄的路段，也可用于四级公路（Ⅰ类）、四级公路（Ⅱ类）驶入和二级及二级以上公路平面交叉前适当位置。减速垄（丘）的设置符合下列规定：

1 减速垄（丘）设置前应充分比较、论证。

2 在四级公路（Ⅰ类）、四级公路（Ⅱ类）与干线公路的平面交叉前，可设置减速丘，以控制汇入干线公路的车辆速度。

3 在进入村镇前的路段、学校前的路段、进入平面交叉的路段可设置减速丘，以限制过往车辆车速。

4 减速丘应在路面全幅设置，并设置相应的减速丘标志、标线。

5 减速丘的构造宜符合下列规定：

1）大型减速丘的纵向尺寸宜采用6 600mm，中心高宜采用76mm，减速丘的纵向边缘应逐渐降低至与路肩齐平。

2）小型减速丘可采用预制型和现浇型。预制型减速丘宽度宜为300～500mm，中心高度宜为30～50mm；现浇型可采用C20以上混凝土现场浇制，宽度宜为500～600mm，中心高度宜为50～60mm。

**12.6.3** 凸面镜宜设置在视距不良、急弯等危险路段，宜和视线诱导配合使用。凸面镜直径宜根据弯道半径选用80cm、60cm等尺寸。

**条文说明**

除弯道外，对确实无法解决视距问题的平面交叉口，设置凸面镜也是常用的一种方式。

**12.6.4** 限高限宽设施应符合下列规定：

1 确因保护上跨桥梁、隧道，以及满足小交通量农村公路安全需要的，可设置限高限宽设施。

2 限高限宽设施宜设置于小交通量农村公路出入口或上跨桥梁、隧道两侧，不应设置在纵坡较大的路段。双车道公路不宜设置限宽设施。小半径弯道、下陡坡和视距不良的位置不宜设置限高设施。

3 限高限宽设施不得影响消防和卫生急救等应急通行需要。可根据需要设计为高度可调节或采用可开启横梁。

4 限高限宽设施应设置黄黑相间的立面标记，立面标记应采用反光材料。限高限宽设施上应设置限高、限宽禁令标志。在上跨桥梁和隧道两侧设置限高限宽设施且无绕行路线时，宜在进入该路段的出入口处设置限高要求相同的警告标志。

5 限高限宽设施宜采用对车辆损伤较小的结构形式。

**条文说明**

《公路安全保护条例》第三十四条规定，县级人民政府交通运输主管部门或者乡级人民政府可以根据保护乡道、村道的需要，在乡道、村道的出入口设置必要的限高限宽设施，但是不得影响消防和卫生急救等应急通行需要，不得向通行车辆收费。此外，为了保护上跨桥梁、隧道，限高限宽设施也是有必要的。

**12.6.5** 根据需要可设置积雪标杆。公路积雪标杆宜设置在公路路肩上。积雪标杆的设置间距可参考轮廓标的设置间距。积雪标杆可替代轮廓标使用，位于路面之上的高度宜为1.5~2.4m。

**12.6.6** 小交通量农村公路宜设置公里桩（牌），可设置百米牌（标）。公里桩（牌）不得被绿化等遮挡，百米牌（标）可喷涂在路面上或附着于轮廓标上。

**12.6.7** 小交通量农村公路可设置公路界碑。界碑应设置在公路两侧用地范围分界线上，设置间距为200~500m，曲线段可适当加密。

**12.6.8** 漫水桥和过水路面应设置示警桩，并在积水最深位置设置水位标尺。观察距离过远时，水位标尺宜重复设置。水位标尺和警示桩上应标明漫水桥和过水路面的30cm断行水位警戒线。

## 条文说明

《公路工程水文勘测设计规范》（JTG C30—2015）第9.1.11条规定："三级公路上的漫水小桥涵或过水路面在1/25洪水频率时，应满足车辆能安全通行，车辆通行的桥（路）面水深不应大于0.3m。四级公路上的漫水小桥涵或过水路面在1/25洪水频率时，可有限度中断交通，其中断时间可按具体情况决定。"通过调研，小交通量农村公路的漫水小桥涵或过水路面属于可有限度中断交通的情况，但当水深超过0.3m时，需要提醒车辆暂时不能通行。水位标尺上有刻度，并且标识出0.3m断行水位警戒线，提示驾驶员超过时不能通过。所有水位标尺和示警桩上的水位警戒线要以过水路段最深处的水位确定。

# 13 沿线设施及其他

## 13.1 一般规定

**13.1.1** 沿线设施包括服务设施和管理设施，宜合并设置，便于服务，利于管理。

**条文说明**

合并设置公路服务设施和管理设施能够节约土地资源，符合经济实用理念，便于服务、利于管理。

**13.1.2** 沿线设施应遵循统筹规划、以人为本、安全环保、经济实用的原则，根据公路功能充分利用边角空地合理布设。

**条文说明**

沿线设施要以统筹规划为前提，结合区域内农村客运、农村物流、乡村旅游、产业服务的需求并考虑安全、经济、环保等因素开展设计。

**13.1.3** 在保证公路视距和交通安全的前提下，可对公路进行绿化、美化，改善路域环境。

**13.1.4** 有条件时，宜采用适当的隔离措施实现路宅分离和路田分离。

**条文说明**

小交通量农村公路鼓励公路与房屋、住宅之间利用绿篱、栽花、文化墙、宣传廊带等措施进行路宅分离，参考图13-1设置；鼓励公路与农田、水塘之间利用边沟、植草、植树等措施进行路田分离，参考图13-2设置。采用适当的隔离措施能实现整洁、美观、舒适的交通环境和路域环境。

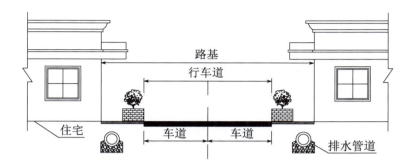

图 13-1 路宅分离参考示例

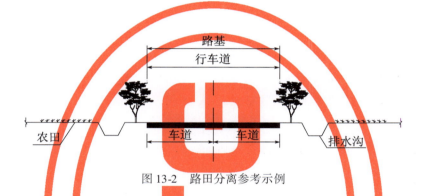

图 13-2 路田分离参考示例

## 13.2 服务设施

**13.2.1** 服务设施可根据实际需求设置客运汽车停靠站、小型停车区、服务站、观景台等。

**13.2.2** 服务设施数量和规模应根据出行需求、区域规划，结合公路里程、沿线村镇分布、经济条件、文化特色、景观特点等因素确定。

**条文说明**

服务设施以满足人民群众出行需求、提升公路服务品质为主，结合当地条件灵活设置，做到经济、美观、实用。

**13.2.3** 客运汽车停靠站、小型停车区、服务站的设置应符合下列规定：
1 合理利用地形条件，避免设置在长下坡坡底、陡坡急弯等视距不良路段。
2 主线线形指标应符合表 13.2.3 的规定。
3 客运汽车停靠站宜设置在交叉口下游，宜在道路两侧间隔布设。

表 13.2.3 客运汽车停靠站、小型停车区、服务站等主线线形指标

| 设计速度（km/h） | | 15 |
|---|---|---|
| 平曲线半径（m） | | ≥150 |
| 凸形竖曲线最小半径（m） | | 1 000 |
| 凹型竖曲线最小半径（m） | | 1 000 |
| 最大纵坡（%） | 一般值 | 2 |
| | 最大值 | 3 |

注：小型停车区、服务站等在地形受限时，经技术经济论证，最大纵坡可增加1个百分点。

**条文说明**

客运汽车停靠站、小型停车区、服务站要作到选址合理、上下客方便、安全，设计上与当地风景、人文、历史相结合，突出地方特色。

**13.2.4** 客运汽车停靠站宜采取港湾式停靠站设计，也可根据地形条件采取路外设置或与其他服务设施合并设置的形式。

**条文说明**

港湾式停靠站对主路通行影响较小，并具备错车道的功能。根据地形条件采取路外设置或与其他服务设施合并设置的形式可以节约土地资源、降低造价。

**13.2.5** 客运汽车停靠站可根据实际需求设置候车亭、站牌、线路导引图、座椅、垃圾桶等乘客候车设施。

**13.2.6** 客运汽车停靠站设置指标应符合表13.2.6的规定。客运汽车停靠站可参照图13.2.6设计。

表 13.2.6 客运汽车停靠站设置指标

| 设计速度（km/h） | 15 |
|---|---|
| 加、减速区段长度 $l$（m） | 15 |
| 停留车道长度 $L$（m） | 15（13） |
| 停留车道宽度 $A$（m） | 3.5 |

注：1. 当交通组成中无中型载重汽车和中型客车时，可采用括号内的数据。
2. 停靠区与行车道之间用路面标线区分。

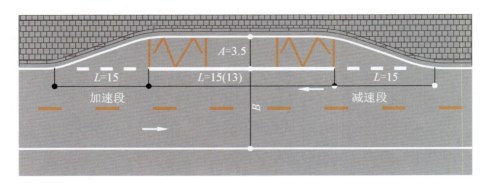

图 13.2.6 客运汽车停靠站示意图（尺寸单位：m）

**13.2.7** 风景优美路段可设置观景台，观景台可根据需要独立设置或与小型停车区、服务站结合设置。

**条文说明**

观景台设计要求视野良好，独立设置的观景台进出口需方便、安全，并配置停车场和安全防护设施。观景台设计要与周边风景相融合、不突兀，做到空间布局合理、外形美观。观景台服务内容及配套设施参照表13-1，根据当地经济条件和需求灵活选用。

表 13-1 小型停车区、服务站建议服务内容及配套设施

| 类　型 | | 功　能 | 配　套 |
| --- | --- | --- | --- |
| 小型停车区 | | 停车、休息 | 简易停车场，卫生间等 |
| 服务站 | 旅游公路驿站 | 供游客短暂停留休息，供骑行者补给必需品，提供地方特色商品 | 停车场，卫生间，地方特色展示销售，餐饮、照明、通信、加油、维修、必需品等供给设施 |
| | 观景休息区 | 供游客停留、欣赏周边景观 | 停车场、卫生间、观景台、商店、休闲区等 |

## 13.3 管理设施

**13.3.1** 根据公路管理需求可设置养护站点等设施，宜结合场地条件和业务范围与其他沿线设施统筹布置。

**条文说明**

农村公路养护量大面广，要合理布置养护站点，避免重复建设。

**13.3.2** 多雨雪地区的陡坡路段，宜利用边角空地规划设置防滑砂堆放区，且不应影响交通。

## 13.4 绿化景观

**13.4.1** 公路绿化应满足行车视距要求,宜以当地物种为主,树木花草结合,贴近自然设计,方便管养,不宜过度绿化。

**13.4.2** 公路绿化不宜在土路肩、内边坡位置种植乔木。

条文说明

公路绿化设计时,在土路肩、内边坡位置种植乔木会遮挡标志牌等交通安全设施。

**13.4.3** 风景优美路段宜采用疏透原则进行绿化,不宜种植高大树木,避免遮景。

**13.4.4** 可利用边角空地,结合当地风景、人文、历史等特色进行景观设计。

条文说明

景观设计需强化农村特色,避免大拆大建,利用景观小品结合本土苗木绿化,融合周边农村特色环境,体现美丽农村路的乡土气息。

## 13.5 其他

**13.5.1** 根据村镇规划及需求,可在车道单侧或双侧设置骑行车道或人行步道。骑行车道、人行步道的设计应满足下列要求:
 1 结合所经过地区的现状资源特点,系统规划设计,不宜大填大挖。
 2 单向通行骑行车道宽度不应小于1.5m,双向通行骑行车道宽度不应小于3m,人行步道宽度不应小于1.5m,骑行车道与人行步道结合设置时宽度不应小于3m。
 3 铺装宜采用生态、经济的本地材料,铺装材料宜透水防滑,与周边环境协调。
 4 与机动车道间应设置标线,可设置隔离绿带、隔离墩、护栏。
 5 独立设置且宽度大于3m的骑行车道入口处,宜设置阻车桩。

条文说明

近年来,可持续发展与绿色出行理念逐步增强,绿色出行环境越来越受重视。结合美丽乡村建设,设置骑行车道、人行步道为周边居民提供骑行、步行、休闲等活动空间,符合以人为本的设计理念。

**13.5.2** 村镇路段可根据需要设置照明,并应满足下列要求:

1 道路照明设施不得侵入道路建筑限界内。
2 可根据道路横断面形式、道路宽度及照明要求选择照明灯具的布置方式，宜采用单侧布置或两侧间隔布置。
3 宜选用成熟稳定且其标准规格明确的照明产品。

**条文说明**

我国地域广阔，道路类型多样，管理和技术水平存在较大差异，采取成熟稳定且其标准规格明确的照明产品，能够降低管理难度。

**13.5.3** 农村公路为四级公路（Ⅱ类）的，其末端宜设置掉头场地，并应满足下列要求：
1 可根据地形条件，与小型停车区合并设置。
2 场地尺寸应满足车辆掉头需求，可根据车辆组成、现场条件等采用圆形场地或条形场地。

**条文说明**

掉头场地参照图13-3设置。圆形场地可连续掉头，条形场地需要倒车掉头。

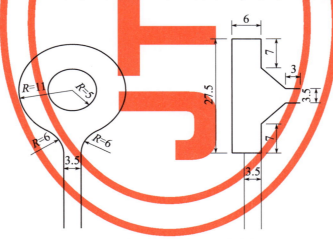

图13-3 掉头场地参考示例（尺寸单位：m）

# 附录 A  路基横断面

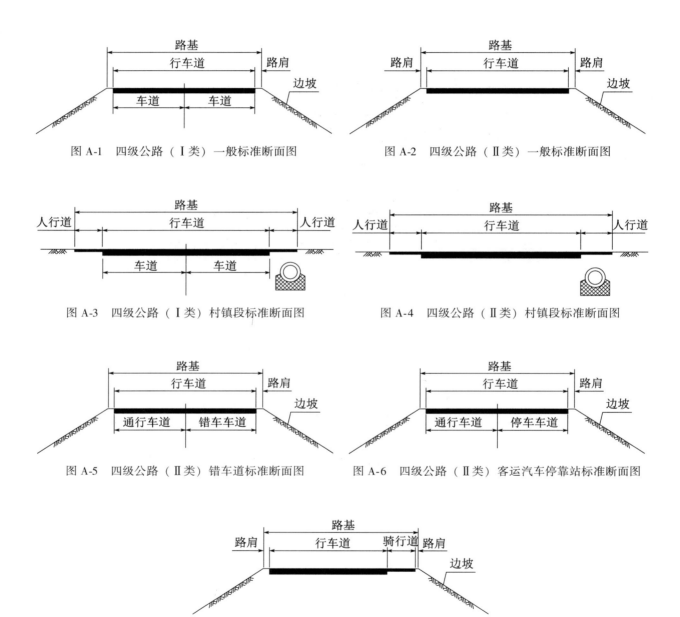

图 A-1  四级公路（Ⅰ类）一般标准断面图

图 A-2  四级公路（Ⅱ类）一般标准断面图

图 A-3  四级公路（Ⅰ类）村镇段标准断面图

图 A-4  四级公路（Ⅱ类）村镇段标准断面图

图 A-5  四级公路（Ⅱ类）错车道标准断面图

图 A-6  四级公路（Ⅱ类）客运汽车停靠站标准断面图

图 A-7  四级公路（Ⅱ类）带骑行车道的标准断面图

# 附录 B  透水路堤及过滤垫

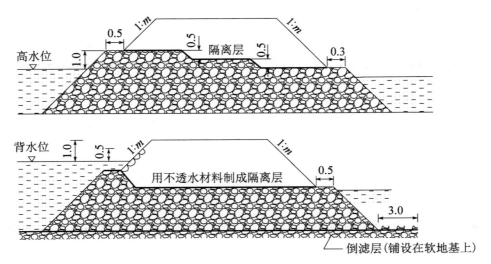

图 B-1  透水路堤（尺寸单位：m）

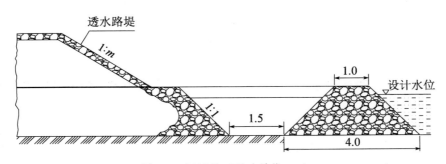

图 B-2  过滤垫（尺寸单位：m）

# 附录 C 路基防护工程冲刷计算

## C.1 路基直接防护工程的一般冲刷计算

**C.1.1** 平原次稳定河段、平原游荡性河段、半山区山前区变迁性河段和山区稳定性河段，可采用式（C.1.1-1）计算：

$$h_\mathrm{p} = \left[ \frac{A \dfrac{Q_\mathrm{s}}{b} \left( \dfrac{h_\mathrm{max}}{h_\mathrm{j}} \right)^{5/3}}{E d_\mathrm{j}^{1/6}} \right]^{3/5} \qquad (\text{C.1.1-1})$$

式中：$h_\mathrm{p}$——河道断面（设计断面）一般冲刷后的最大水深（m）；
　　　$b$——修建防护构造物后，在设计洪水位时的水面宽度（m）；
　　　$Q_\mathrm{s}$——在 $b$ 宽度范围内的流量（m³/s），如为压缩河道则不是设计流量；
　　　$h_\mathrm{max}$——设计断面冲刷前的最大水深（m）；
　　　$h_\mathrm{j}$——设计断面冲刷前的平均水深（m）；
　　　$d_\mathrm{j}$——河床土的平均粒径（mm）；
　　　$E$——与含沙量 $\rho$ 有关的系数，当 $\rho < 1.0\mathrm{kg/m^3}$，$E = 0.46$；$1\mathrm{kg/m^3} < \rho < 10\mathrm{kg/m^3}$，$E = 0.66$；$\rho > 10\mathrm{kg/m^3}$，$E = 0.86$。含沙量 $\rho$ 采用历年汛期月最大含沙量平均值，或由实测决定；
　　　$A$——单宽流量集中系数，可根据式（C.1.1-2）计算：

$$A = \left( \frac{\sqrt{B}}{H} \right)^{0.15} \qquad (\text{C.1.1-2})$$

　　　$B$——造床流量时河段平均水面宽（m）；
　　　$H$——造床流量时的平均水深（m）。

**C.1.2** 有推移质的天然河道的平原稳定河段及山区稳定性河段，可采用式（C.1.2）包尔达柯夫一般冲刷公式计算：

$$h_\mathrm{p} = p \cdot h = \frac{\Omega}{\Omega'} \cdot h \qquad (\text{C.1.2})$$

式中：$h_\mathrm{p}$——冲刷停止后的垂线水深（m）；
　　　$h$——河道压缩前护坡脚附近的天然水深（m）；
　　　$p$——冲刷系数；
　　　$\Omega$——未压缩的河道过水面积（m²）；

$\Omega'$——压缩后冲刷前的河道过水面积（$m^2$）。

**C.1.3** 无泥沙运动的河滩，可采用式（C.1.3-1）安德烈也夫河滩冲刷公式计算：

$$h_p = \left[\frac{\dfrac{Q_n}{B_n}\left(\dfrac{h_{max}}{h_j}\right)^{5/3}}{V_1}\right]^{5/6} \quad (C.1.3\text{-}1)$$

式中：$h_p$——河滩上冲刷后的垂线水深（m）；
$B_n$——压缩后河滩部分宽度（m）；
$h_{max}$——设计洪水位时冲刷前断面最大垂线水深（m）；
$h_j$——设计洪水位时冲刷前断面平均水深（m）；
$Q_n$——河道压缩后河滩部分通过的流量（$m^3/s$），根据式（C.1.3-2）计算：

$$Q_n = Q'_n \cdot \frac{Q}{Q_m} \quad (C.1.3\text{-}2)$$

$Q'_n$——河道未压缩前河滩部分通过的流量（$m^3/s$）；
$Q$——设计总流量（$m^3/s$）；
$Q_m$——压缩宽度范围内天然通过的流量（$m^3/s$）；
$V_1$——当水深为1m时，裸露出来的河滩土的容许不冲刷流速（m/s），按表C.1.3取值。

**表 C.1.3 河床土的容许不冲刷流速**

| 河床土质 | 淤泥 | 细砂 | 砂黏土 | 粗砂 | 黏土 | 砾石 | 卵石 | 漂石 |
|---|---|---|---|---|---|---|---|---|
| $V_1$（m/s） | 0.2 | 0.4 | 0.6 | 0.8 | 1.0 | 1.2 | 1.5 | 2.0 |

## C.2 防护工程的局部冲刷（斜冲刷）计算

**C.2.1** 与水流流向交角大于20°的直接防护构造物或丁坝等间接防护构造物局部冲刷可采用雅罗斯拉夫采夫局部冲刷公式计算。非黏性土河床可采用式（C.2.1-1），黏性土河床可采用式（C.2.1-2）计算：

$$h_b = \frac{23\tan\dfrac{\alpha}{2}}{\sqrt{1+m^2}} \cdot \frac{V^2}{g} - 30d \quad (C.2.1\text{-}1)$$

$$h_b = \frac{23\tan\dfrac{\alpha}{2}}{\sqrt{1+m^2}} \cdot \frac{V^2}{g} - \frac{6V_n^2}{g} \quad (C.2.1\text{-}2)$$

式中：$h_b$——建筑物前局部冲刷坑深度（m）；
$\alpha$——水流方向与构造物迎水面之间切线的交角，对丁坝一般用90°；在变迁性河段要考虑水位变化时的最大交角，当$\alpha<20°$时，一般可不计算局部冲刷；

$V$——行近水流的平均流速（m/s），导流堤可用压缩断面冲刷前的平均流速；河滩上的防护构造物宜用河滩上的平均流速，但不小于河滩土的容许不冲刷流速；河槽边的防护构造物可用河槽中的平均流速；

$m$——边坡系数，等于构造物边坡角的余切；

$g$——重力加速度，为 9.8 m/s²；

$d$——冲刷过程中裸露出来在冲刷坑底的河床土的最大粒径（m）；

$V_n$——裸露出来的冲刷坑内土的容许不冲刷流速（m/s）。

**C.2.2** 局部冲刷也可应用成熟的经验公式进行计算，对比规范计算结果，取较大值作为局部冲刷高度。

# 附录 D  单车道隧道标准内轮廓

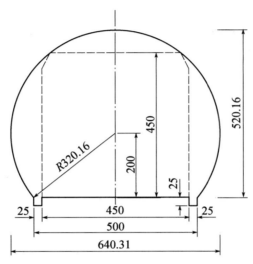

图 D-1  单车道隧道曲墙式衬砌标准内轮廓断面（尺寸单位：cm）

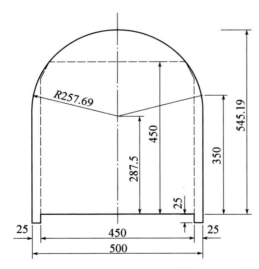

图 D-2  单车道隧道直墙式衬砌标准内轮廓断面（尺寸单位：cm）

# 本规范用词用语说明

1 本规范执行严格程度的用词，采用下列写法：

1）表示很严格，非这样做不可的用词，正面词采用"必须"，反面词采用"严禁"；

2）表示严格，在正常情况下均应这样做的用词，正面词采用"应"，反面词采用"不应"或"不得"；

3）表示允许稍有选择，在条件许可时首先应这样做的用词，正面词采用"宜"，反面词采用"不宜"；

4）表示有选择，在一定条件下可以这样做的用词，采用"可"。

2 引用标准的用语采用下列写法：

1）在标准总则中表述与相关标准的关系时，采用"除应符合本规范的规定外，尚应符合国家和行业现行有关标准的规定"。

2）在标准条文及其他规定中，当引用的标准为国家标准和行业标准时，表述为"应符合《××××××》（×××）的有关规定"。

3）当引用本标准中的其他规定时，表述为"应符合本规范第×章的有关规定"、"应符合本规范第×.×节的有关规定"、"应符合本规范第×.×.×条的有关规定"或"应按本规范第×.×.×条的有关规定执行"。